UNE PROVINCE CHINOISE EN PROGRÈS

LE CHANTOUNG

CHINOIS ET ALLEMANDS

Articles extraits du *Bulletin du Comité de l'Asie Française*

— AVEC DEUX CARTES —

PAR

Fernand PILA

LYON
A. REY ET Cie, IMPRIMEURS-ÉDITEURS
4, RUE GENTIL, 4

1904

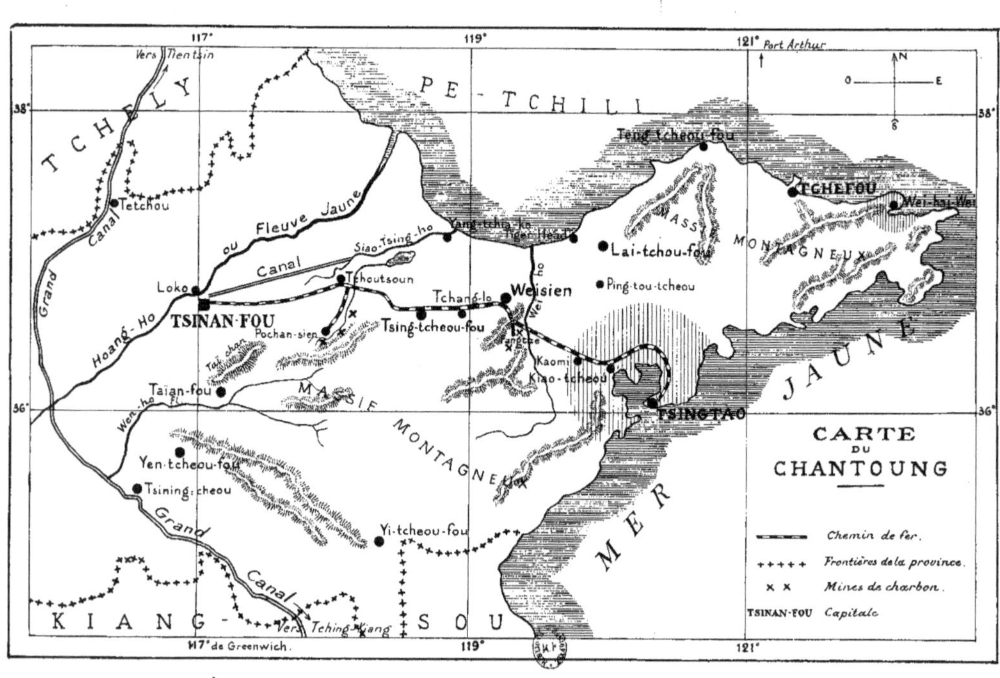

CARTE DU CHANTOUNG
Chemin de fer.
Frontières de la province.
Mines de charbon.
TSINAN-FOU Capitale
117°
119°
121°
117° de Greenwich.
38°
36°
Port Arthur
Vers Tientsin
Vers Tching-Kiang
TCHELY
PE-TCHILI
KIANG-SOU
MER JAUNE
Tetchou
Grand Canal
Fleuve Jaune
ou
Hoang-Ho
Canal
Siao-Tsing-ho
Loko
TSINAN-FOU
Tchoutsoun
Pochan-sien
Tsing-tcheou-fou
Tchang-lo
Weisien
Wei ho
Yang-tchia-ko
Tiger Head
Teng-tcheou-fou
TCHEFOU
Wei-hai-Wei
Lai-tchou-fou
Ping-tou-tcheou
MASSIF MONTAGNEUX
Kaomi
Kiao-tcheou
TSINGTAO
Taï chan
Taian-fou
Wen-ho
MASSIF MONTAGNEUX
Yen-tcheou-fou
Tsining-tcheou
Yi-tcheou-fou

UNE PROVINCE CHINOISE EN PROGRÈS

LE CHANTOUNG

CHINOIS ET ALLEMANDS

Articles extraits du *Bulletin du Comité de l'Asie Française*

— AVEC DEUX CARTES —

PAR

Fernand PILA

LYON
A. REY ET Cie, IMPRIMEURS-ÉDITEURS
4, RUE GENTIL, 4

1904

UNE PROVINCE CHINOISE EN PROGRÈS

LE CHANTOUNG[1]

I

CE QU'Y FONT LES CHINOIS

TSINAN-FOU est la capitale du Chantoung, c'est à-dire d'une province chinoise qui a une superficie de 145.000 kilomètres carrés, et dont le chiffre de la population égale sensiblement celui de la France. C'est une belle et grande ville, qui compte à elle seule de 200 à 300.000 âmes. Elle est ceinte d'une muraille en bon état. Ses faubourgs, également murés, contiennent en partie de riches cultures maraîchères. La campagne qui l'entoure est bien arrosée, fertile et soigneusement cultivée.

La partie urbaine est régulièrement construite, sans les dédales tortueux qui caractérisent en général les villes

[1] Cette étude a été écrite d'après des notes prises au cours d'un voyage effectué en septembre-octobre 1903.

chinoises ; elle est en outre bien tenue. Il est manifeste que l'administration a le souci de la propreté et de la police des rues. J'ai constaté moi-même un rudiment de voirie, chose exceptionnelle dans tout l'Empire ; et je puis dire que le corps de police de la ville et de ses faubourgs est actuellement composé de 450 agents environ, bien équipés, commandés et instruits par un Allemand, qui a été engagé à cet effet pour une période de trois ans. Ces améliorations sont évidemment un aspect de l'influence de plus en plus grande qu'acquièrent les étrangers dans la province.

La ville est aérée par de grands espaces vides de constructions, qui ne sont autres que les nombreux parcs, vastes et boisés, entourant les résidences des fonctionnaires. On compte ainsi 72 *yâmens* à Tsinan-fou.

Le sous-sol est riche en eau ; des sources en jaillissent un peu partout. Trois d'entre elles sont particulièrement abondantes ; elles sourdent ensemble, à gros bouillons, dans le faubourg Sud-Ouest, et sont une attraction vénérée de la capitale. Une vieille pagode s'élève à côté d'elles ; un marché se tient devant ses portes et dans ses cours, où grouillent les gens du peuple. Sur la fine balustrade de pierre qui enchâsse la nappe liquide, viennent s'accouder tout le jour les oisifs de la ville, attirés par le spectacle, si rare en Chine, d'une onde vive et claire.

Non loin de là, un joli lac réunit toutes ces eaux éparses et forme dans la ville un coin de verdure et de fraîcheur. C'est un lieu de délassement et de plaisir pour les marchands, les fonctionnaires et les lettrés de la capitale. Les rendez-vous d'amis s'y passent en lentes promenades sur l'eau tranquille, dans de belles barques peintes et sculptées, parmi les îlots que font les roseaux et les lotus géants. De petites îles abritent dans les arbres de gracieuses constructions aux toits biscornus : maisons de thé, salles de théâtre, simples terrasses pour la vue, destinées à procurer aux Chinois les passe-temps qui leur sont le plus agréables. Quelques temples y ont été élevés à la mémoire de grands hommes dont se glorifie la province ou même la Chine tout entière. Li-Hong-Tchang y a le sien depuis quelques mois.

Mais toute l'eau de Tsinan-fou ne reste pas dans la ville. Des courants limpides franchissent les murs et se répandent dans la campagne qu'ils fertilisent. Les plus abondants ont été rassemblés et dirigés sur une rivière voisine, le Siao-tsing-ho, et ils contribuent ainsi en grande partie à la formation d'une voie navigable qui relie la capitale à la mer.

Au Chantoung, où les voies de communication faciles font particulièrement défaut, il est intéressant de noter l'existence de ce canal. Sa direction générale est O. S. O. — E. N. E.; il débouche dans le Petchili à Yang-tchia-ko, après avoir emprunté dans la dernière partie de son cours le lit et l'estuaire du Siao-tsing-ho. Je l'ai remonté pour atteindre Tsinan-fou. Sa figuration, même sur les cartes allemandes les plus récentes, est très défectueuse. Il constitue cependant une voie commerciale importante et fréquentée. Malheureusement, quoique sa création ne remonte qu'à une vingtaine d'années, il souffre déjà du manque d'entretien, et en plusieurs endroits les divagations du Fleuve Jaune l'ont envasé et rendu peu praticable. Il est question aujourd'hui d'y faire les réparations les plus urgentes, et l'administration chinose projette d'établir, le long de son cours, un service de remorquage à vapeur.

Ne pourrait-elle pas penser à utiliser en outre le débit des sources de Tsinan-fou dans l'intérieur même de la ville? Peu de travaux suffiraient pour alimenter celle-ci d'eau saine, et la capitale du Chantoung acquerrait ainsi un des plus grands conforts des villes modernes. Il n'est pas douteux que les Allemands y songeront tôt ou tard.

Tsinan-fou est une des villes chinoises qui comptent le plus grand grand nombre d'habitants pratiquant des religions étrangères. Il y a près de 3.000 familles mahométanes, représentant de 15 à 18.000 individus, qui ont deux mosquées pour exercer leur culte. Les chrétiens y sont un peu moins nombreux. Parmi eux, les catholiques ont un évêque qui réside dans la capitale même, et qui est à la tête du vicariat apostolique du Chantoung septentrional. Ce vicariat est une des trois circonscriptions entre lesquelles la Propagande romaine a divisé le territoire de la province. Il a été particulièrement éprouvé par les troubles qui ont commencé au Chantoung en 1897 et abouti, en 1900, à l'insurrection des Boxeurs. Aujourd'hui, il renferme 26.000 adeptes, dont 18.000 sont baptisés, sur une population totale de 10 millions d'âmes environ. Quand je passai à Tsinan-fou, en septembre 1903, Mgr E. Giesen, de nationalité hollandaise, n'était arrivé que depuis peu de temps. Il paraissait occupé surtout à relever sa mission de ses ruines, et à employer à cet effet les fonds que le gouvernement français lui avait enfin alloués sur l'indemnité chinoise.

Je me plais à reconnaître ici le charmant accueil que je reçus de lui et de ses missionnaires.

Au point de vue économique, Tsinan-fou est un centre assez actif, et la nature de son commerce se ressent de la diversité des productions de la région qui l'entoure. J'ai remarqué une grande quantité d'échoppes où se carde le coton, moins nombreuses pourtant que les beaux magasins qui bordent les rues et où se vendent des soieries faites avec la soie du ver sauvage et de fausses pierres précieuses, objet d'un commerce important. Le trafic des rues provoque, comme dans les grandes villes commerçantes en Chine, une circulation considérable, et en plusieurs endroits on croirait passer dans un quartier de Canton.

Et cependant à Tsinan-fou, le nombre est grand des représentants des fonctions libérales : professeurs, médecins, lettrés; fonctionnaires surtout, pourvus, postulants ou en quête d'emploi. Le Chantoung est la terre classique des grands philosophes chinois; elle est féconde en étudiants. Chaque année les examens attirent dans la capitale des milliers de candidats, venant de tous les districts de la province.

J'y séjournais à l'époque où les épreuves de la licence prenaient fin (8e jour de la 8e lune). La ville était exceptionnellement animée. Un soir que je rentrais à mon *yâmen*, mon cortège fut arrêté au coin d'une rue par une foule immense qui se découvrit tout d'un coup à mes yeux et qui semblait nous attendre. D'innombrables têtes, pressées les unes contre les autres, étaient tournées de notre côté et exprimaient une vive agitation. Je crus d'abord à une émeute dont j'aurais été l'objet et peut-être la victime désignée. C'était en réalité une manifestation très pacifique. Cette foule s'était réunie, me dit-on, pour entendre la proclamation des résultats des examens et voir passer les lauréats.

Veut-on avoir une idée de la valeur des concours qui, en Chine, commandent l'entrée des fonctions publiques? Voici les questions qui furent posées aux candidats l'année dernière, à Tsinan-fou. Les aspirants au poste de préfet eurent à développer ce thème : « L'honnêteté, la vigilance et l'application sont les mots d'ordre des fonctionnaires : dire quel est le plus important. » Quant aux sous-préfets, ils furent choisis sur les réponses qui furent faites à ces deux questions : « Pourquoi le peuple doit-il être considéré comme le fondement d'un pays? » et : « Y a-t-il quelque nouvelle méthode pour attraper les voleurs? » Encore plus que le questionnaire, les réponses auraient été intéressantes à connaître.

***

En tant que capitale, Tsinan-fou est le siège des grandes administrations de la province. Les hauts fonctionnaires y ont leur résidence. Au premier rang, le Gouverneur ou *Fou-taï* a la haute main sur toute l'administration et ne relève que de Pékin. Au-dessous de lui, le *Feng-taï* ou Grand Trésorier est chargé des fonds publics, et le *Nié-taï* ou Grand Juge, comme son nom l'indique, est la principale autorité judiciaire de la province.

Le gouverneur actuel du Chantoung est un mandarin âgé et expérimenté, du nom de Tchou-fou. Il se pique d'être de la petite phalange de ces grands dignitaires chinois, éclairés et réformateurs, qui se sont révélés en ces dernières années. On constate chez lui le souci constant de vivre en bonne intelligence avec les étrangers et de se faire bien voir d'eux. Il n'oublie pas, sans doute, que, pareillement à son prédécesseur Yuan-che-Kaï, quoique dans d'autres conditions, sa réputation et sa fortune ont dépendu d'eux pour une large part. Avant d'être gouverneur du Chantoung, il avait rempli les fonctions de Grand Trésorier de la province de Tchely, et l'attention avait été au bon moment attirée sur lui par l'habileté et l'esprit de conciliation avec lesquels il négocia et régla, d'accord avec Mgr Favier, l'indemnité considérable due sur place à la mission du Tchely Nord à la suite des événements de 1900.

A Tsinan-fou, il a trouvé une scène plus large pour

faire montre de ses idées de modération et de progrès. Il a auprès de lui quelques fonctionnaires actifs qui suivent assez bien son impulsion, et il est servi par une pléiade de jeunes attachés, intelligents et ambitieux, auxquels sont familiers les usages et plusieurs langues de l'Europe où ils ont séjourné plus ou moins longtemps. Il y a là, somme toute, les éléments d'une administration réellement progressiste.

Cette bienveillance à l'égard des étrangers et cet empressement à adopter quelques-unes des réformes qu'ils prônent avec insistance, ont bien certain mérite à s'affirmer dans une province que les Allemands envahissent peu à peu, et où ils montrent une tendance plus ou moins marquée à se conduire en maîtres. Il est vrai que ces derniers possèdent au Chantoung des intérêts importants qui proviennent du chemin de fer qu'ils y construisent et des concessions minières qu'ils y ont obtenues.

Mais ils ne s'en contentent pas; et leur prétention à traiter la province entière comme un fief réservé à leur colonisation est trop manifeste, pour qu'on ne s'étonne pas de voir en face d'eux une administration indigène aussi accommodante et aussi bien disposée.

Pour défendre la situation présente et préparer celle qu'il veut acquérir, le gouvernement allemand entretient à Tsinan-fou un agent spécial, pris dans son service consulaire. Quand je le vis, cet agent ne jouissait pas encore dans la capitale de la qualité et des attributions officielles de consul. Elles ne pouvaient lui être reconnues que lorsque Tsinan-fou serait déclaré ville ouverte au commerce étranger; mais cet événement, me dit-on, ne devait tarder[1]. Il occupait, en attendant, la même situation, au point de vue diplomatique, que le consul français délégué à Yunnan-sen. Les affaires qu'il avait à traiter étaient nombreuses et délicates; elles se rapportaient surtout aux difficultés plus ou moins importantes qui résultent des progrès de ses compatriotes dans la province : de la construction du chemin de fer, de l'acquisition et de l'ouverture des mines. Pour les discuter et les régler, il était en relations avec le Bureau des Affaires étrangères. Car Tsinan-fou, tout comme une grande capitale, a son *Foreign Office*. J'appris que ce bureau était composé de trente fonctionnaires environ ; plusieurs avaient fait de longs séjours en Europe ou en Amérique. Parmi les cinq principaux, trois étaient en mission au moment de mon passage.

Sans paraître se préoccuper outre mesure de l'infiltration des étrangers dans sa province, sans se laisser éblouir par les vastes entreprises qu'ils exécutent sous ses yeux et qui sont de nature à transformer à un mo-

[1] Un télégramme de Pékin (mai 1904) annonce, en effet, que le gouvernement chinois va prochainement déclarer ouvertes les villes de Tsinan-fou, Tchou-tsoun et Weisien dans la province du Chantoung. Cette mesure est provoquée par l'avancement du chemin de fer.

ment donné les conditions économiques du Chantoung, le gouverneur chinois poursuit paisiblement une œuvre plus modeste de réformes et d'innovations.

Je parle pour mémoire des améliorations qu'il a déjà réalisées dans sa capitale. Il a pensé, d'autre part, à donner aux autres grandes villes de la province une police perfectionnée. Il cherche à faciliter la circulation monétaire, si compliquée en Chine, par l'introduction de papier-monnaie et de pièces de 10 sapèques. Il s'efforce de transformer et de développer le réseau des voies de communication, dont l'insuffisance se fait si vivement sentir dans cette partie de l'Empire. Il aide à satisfaire les desiderata du commerce étranger.

Lors de mon passage à Tsinan-fou, il avait comme hôte un Anglais, commissaire des Douanes impériales chinoises, en mission depuis plus de huit mois au Chantoung pour étudier la question actuelle des « likins » ou douanes intérieures. Il s'agissait de déterminer les conséquences de leur suppression prochaine et les meilleurs moyens d'appliquer la nouvelle convention anglo-chinoise qui les abolit.

Tchou-fou a évidemment le désir de voir son pays profiter des leçons qu'il a récemment reçues et dont l'ignorance était une des causes primordiales. Il est donc logique qu'il y contribue pour sa part en répandant, dans la province qu'il gouverne, l'instruction publique, et en y provoquant tout spécialement la diffusion des langues et des connaissances étrangères.

A son arrivée à Tsinan-fou, il y trouva une Université

ou Collège provincial, que venait d'instituer son prédécesseur Yuan-che-Kaï, sur le modèle de ces établissements dont le gouvernement impérial a prescrit la fondation dans les capitales régionales et qui ont pour objet de moderniser l'enseignement en Chine. Il s'est attaché, depuis lors, à en assurer le développement et la prospérité. Les locaux universitaires ayant été jugés insuffisants, ils seront remplacés prochainement par de nouveaux bâtiments, disposés suivant un plan très largement conçu. La construction de ces bâtiments était près d'être achevée à l'époque de mon voyage. Leurs dimensions étaient prévues pour le logement des professeurs et de plus de 400 élèves. Ils devaient comprendre, outre les classes ordinaires, des bibliothèques et des salles spéciales pour l'enseignement de la physique, de la chimie, de l'histoire naturelle, de la mécanique, etc... En attendant, le Collège comptait déjà 370 élèves, instruits par une vingtaine de professeurs, parmi lesquels il n'y avait encore qu'un étranger, de nationalité américaine. La plupart de ces professeurs ont appris les langues étrangères qu'ils enseignent aux écoles ouvertes depuis longtemps déjà dans certains grands ports de Chine (Tientsin, Changhaï, Fou-tchéou, etc...). Quelques-uns, trois ou quatre, les ont apprises dans les pays mêmes où elles sont parlées et où ils ont résidé plus ou moins longtemps comme étudiants ou membres des légations impériales. Outre les classes consacrées aux études exclusivement chinoises, lesquelles sont poussées jusqu'au deuxième degré (licence), il y avait, quand je visitais le Collège, dix classes d'anglais et quatre d'allemand. Un professeur de cette dernière nationalité, devait arriver sous peu. Deux classes de français étaient en projet. La première allait être inaugurée; elle aura comme professeur un jeune Chinois qui s'est formé à l'école de l'arsenal de Fou-tchéou, et qui est resté quatre années dans notre pays. On ouvrira également une classe de japonais.

Le recrutement du Collège se fait par voie d'examen, dans les districts de la province. Un deuxième examen éliminatoire, présidé par le gouverneur lui-même, a lieu dans la capitale.

Après le stage scolaire, les meilleurs sujets sont envoyés à l'étranger pour se perfectionner. Le Japon en attire beaucoup.

Le premier service que rendra ce Collège sera de former des instituteurs pour les autres villes de la province. et de faire office ainsi d'école normale. Dans la pensée de l'administration, en effet, des écoles nouvelles doivent être ouvertes dans toutes les préfectures. Chaque district même aura son école primaire.

Ce qu'on reproche surtout aux organisateurs du nouveau Collège, c'est de composer le personnel enseignant presque exclusivement d'éléments indigènes, — surtout par mesure d'économie, semble-t-il, — et de n'y laisser qu'une place infime aux étrangers. L'année dernière, le Collège était dirigé par un missionnaire américain, résidant depuis longtemps en Chine, le Dr Hayes ; mais celui-ci, à la suite de dissentiments sur la question du culte de Confucius rendu obligatoire pour tous les élèves, donna sa démission. Aujourd'hui, le directeur est un Chinois, le taotaï Chen, ancien officier de marine, qui a vécu longtemps en Angleterre et aux Etats-Unis. Parler une langue étrangère aussi bien qu'il s'exprime en anglais est sans doute un titre peu commun en Chine ; mais cela peut ne pas suffire à faire un excellent administrateur d'école. Il n'est pas téméraire d'affirmer que tant que les Chinois, en matière d'enseignement moderne, seront livrés à eux-mêmes, ils ne pourront espérer de bien bons résultats.

A côté du Collège provincial se trouve, à Tsinan-fou, une Ecole militaire nouvellement ouverte, mais fondée également par Yuan-che-Kaï. Elle est d'ailleurs dirigée par le frère aîné de l'ancien gouverneur du Chantoung. Au mois de septembre 1903, elle comptait près de trois cents élèves instruits par deux officiers européens récemment arrivés : un Allemand pour l'infanterie et un Autrichien pour l'artillerie. Une section spéciale et un troisième instructeur étranger devaient être prochainement affectés à la cavalerie.

On peut estimer à 10.000 hommes la composition des troupes, instruites suivant les méthodes modernes, et bien entraînées, qui sont sous la main du gouverneur ; 5000 environ sont en garnison à Tsinan-fou, dans des casernements construits aux portes de la ville. Le reste est à Weisien, au centre de la province.

Une œuvre chère à Tchou-fou serait l'installation, dans sa capitale, d'un grand hôpital organisé à l'européenne, et où la chirurgie aurait sa place comme la médecine moderne. Le projet existe, mais les fonds manquent encore pour l'exécuter. Pour le moment, le gouverneur a ouvert des dispensaires où sont distribués des remèdes, et une sorte de salle de consultations, où j'appris que 150 à 200 malades se présentaient chaque jour pour recevoir les soins et les prescriptions d'un jeune docteur chinois, qui a fait ses études de médecine étrangère à Tien-tsin. En outre, une petite école médicale était en construction. Elle devait contenir une salle où seraient spécialement traitées les maladies des yeux, maladies auxquelles s'intéresse particulièrement le gouverneur actuel, qui souffre de l'une d'elles. J'ai conseillé à Tchou-fou, pour le cas où il pourrait réaliser toute son idée, la création d'un institut Pasteur.

Une autre tentative à noter est l'ouverture récente, à Tsinan-fou, d'ateliers industriels, administrés par le gouvernement provincial, sorte d'ateliers nationaux, ayant aussi par certains côtés l'aspect d'une école d'apprentissage, et analogues, toutes proportions gardées naturellement, à nos manufactures de Sèvres, des Gobelins, etc. Quand je les ai parcourus, on y fabriquait des tissus de soie, des broderies, des tapis ; on y faisait aussi des ouvrages sur bois et sur métaux : pièces d'ameublement européen, sabres, fourreaux, baïonnettes, etc. Ces ateliers formeront sans doute des ouvriers habiles, exercés aux procédés et au maniement des instruments étrangers, et capables de travailler sur la plupart des modèles qui leur seront fournis. Peut-être même peuvent-ils être l'embryon d'établissements industriels importants, si on y introduit un bon outillage et des machines perfectionnées. Mais c'est une illusion que de compter retirer de la vente de leurs produits, tels que ceux-ci sont fabriqués jusqu'à présent, des bénéfices pour l'administration.

En somme, malgré bien des inexpériences et un défaut de coordination, les innovations et les tentatives qui viennent d'être énumérées constituent un ensemble très intéressant. Elles témoignent chez le gouverneur actuel du désir de doter sa province des institutions qui l'ont le plus frappé dans l'étude de la civilisation occidentale.

En cela, on peut dire que Chinois et Allemands collaborent, au Chantoung, à la même œuvre, quoique leurs vues soient différentes et leurs moyens d'inégale valeur. Mais l'administration chinoise obéira-t-elle longtemps à ces tendances? Le successeur de Tchou-fou sera-t-il disposé à consentir aux mêmes dépenses pour soutenir des entreprises plus ou moins facultatives et d'ailleurs peu populaires? Comme les meilleurs fonctionnaires chinois, ne mettra-t-il pas au premier rang de ses préoccupations celle de servir ses intérêts et de remplir sa bourse? Et pour cette raison, les œuvres qui lui seront léguées ne risquent elles pas d'être négligées? Tel est, en effet, le point faible des réformes qui sont tentées aujourd'hui en Chine : c'est que le gouvernement central semble s'en désintéresser dans la pratique, et que leur succès et leur durée dépendent presque exclusivement de l'initiative et de la bonne volonté des autorités provinciales auxquelles elles sont abandonnées.

Il est vrai qu'au Chantoung, les Allemands sont là pour sauvegarder les résultats acquis et empêcher tout retour à une politique rétrograde.

***

Je restai à Tsinan-fou près d'une semaine. La veille de mon départ, Tchou-fou donna dans son *yâmen* un grand dîner en mon honneur. Toutes les hautes autorités de la province y assistaient : le Grand Trésorier, le Grand Juge, le Chef du Bureau des Affaires étrangères, le Directeur de l'Université, etc. Le gouverneur avait aussi convié les étrangers notables en résidence dans la capitale : le Consul allemand et l'Evêque catholique. Les mandarins portaient leurs costumes de cérémonie ; leurs attitudes étudiées et leurs gestes élégants leur donnaient vraiment grand air. Ils étaient vêtus de soieries magnifiques, et leurs mains effilées et soignées savaient jouer des charmants éventails qu'elles tenaient. Quand nous entrâmes dans la salle à manger, ils quittèrent suivant l'usage leurs manteaux brodés. Il y eut alors autour de la table un long froufrou de soie : bruit léger que dans nos réunions mondaines font les toilettes des femmes.....

Le menu se composait de mets chinois, mais les couverts étaient dressés à l'européenne, et je dégustai en commençant un excellent vin du Rhin.

Des interprètes avaient été judicieusement placés entre les convives, si bien que, pendant le repas, la conversation fut facile et animée. J'étais assis naturellement auprès du gouverneur. De l'autre côté, il s'entretenait avec un autre de ses invités, un jeune ingénieur allemand de passage à Tsinan-fou, à qui il venait de confier la mission d'inspecter le cours du Fleuve Jaune dans la province. Il s'enquérait déjà des travaux qui seraient propres à atténuer les effets de la prochaine crue.

Les débordements périodiques du terrible fleuve, les ravages qui les accompagnent et les moyens d'y remédier semblent être, en effet, un des plus graves soucis du gouvernement de Tchou-fou. Pour agir, il ne s'en remet pas à ses seules lumières, ni ne voudrait se contenter de faire ce qui a été fait avant lui, sans succès définitif. Il s'entoure d'avis compétents ; il s'adresse aux étrangers ; tout ingénieur dont on lui conseille les services est mandé à Tsinan-fou, comme appelé en consultation.

Peut-on démêler dans l'esprit du fonctionnaire chinois le désir sincère de faire exécuter des travaux enfin efficaces, de l'idée de dégager sa responsabilité et de « sauver sa face » aux yeux de la population, dans sa lutte contre l'inexorable élément ?

En tout cas, si le Fleuve Jaune est bien dénommé, dans le langage imagé de ce pays, le « Chagrin, le « Crève-cœur de la Chine », la « Désolation des familles », le « Fléau des fils de Han », on peut dire qu'il fait particulièrement le désespoir des vice-rois ou gouverneurs des provinces qu'il traverse, et que les gouverneurs du Chantoung ont des raisons spéciales de se plaindre de ses méfaits. Ce fut pour ceux-ci une terrible mésaventure, quand le fleuve, s'évadant de son ancien lit, — il y a de cela cinquante ans, — transporta son embouchure dans le Petchili, en imposant son cours à des terres nouvelles. Ses inondations sont depuis lors une cause permanente de ruine pour la province, de tracas et de déboires pour l'administration. Chaque année, à l'époque des hautes eaux, des digues sont emportées, des récoltes englouties ; des villages entiers disparaissent. Ce sont des dommages immenses à réparer, des misères à secourir. Une grande partie des revenus de la province s'en va ainsi en secours et en travaux illusoires, qu'il faut sans cesse recommencer.

Tchou-fou, l'année dernière, voulut essayer de mettre fin à ce désastreux provisoire. Reprenant, dans des proportions plus modestes, un projet que Li-Hong-Tchang avait élaboré en 1873, il soumit au gouvernement central un plan de travaux importants et durables, pour l'exécution duquel il demandait une somme de trois millions et demi de taëls, la province devant y contribuer pour un million. Mais Pékin se déclara dans l'impossibilité de trouver la somme requise. Le projet en resta là, et on continuera à s'en tenir aux demi-mesures. Quand le désastre sera trop retentissant, le gouverneur, loin de voir reconnaître ses intentions et ses efforts, recevra un blâme officiel et des ordres sévères. C'est ce qui est arrivé récemment, à la suite de la rupture d'une digue. « Tchou-fou, qui ne s'est pas suffisamment occupé du fleuve, doit s'en remettre à son ministère, qui délibérera sur la punition à lui infliger. Il devra faire rentrer les eaux dans leur lit, et mieux y veiller désormais. Il devra faire aussi l'aumône à tous les malheureux du district inondé. » Et l'édit impitoyable se termine par ces mots : « Respect à ceci », comme s'il en était besoin pour faire passer ses rigueurs et ses inconséquences.

Ainsi victime des effets d'un fléau naturel et des sévérités de son gouvernement, un fonctionnaire pourrait se croire à bon droit dans une situation peu enviable. Quand notre gouverneur me reconduisit à la porte de son *yâmen*, il marchait lentement, avec un air accablé, en s'appuyant sur les bras de ses serviteurs. J'aurais pensé qu'il voulait me révéler ainsi son découragement, si je n'avais su que les hauts mandarins sont coutumiers de cette attitude, prise par pure ostentation, et qui doit prouver au peuple l'importance de leurs charges et le poids de leurs honneurs.

Il m'était facile d'aller voir, de mes yeux, le fleuve, source de si grandes infortunes et de tant d'embarras. Il passe à 12 li (5 à 6 kilomètres) au nord de Tsinan-fou ; une large route y mène, qui aboutit au petit port de Lo-ko. A cet endroit, il a une largeur de 500 à 600 mètres ; il est, paraît-il, beaucoup plus large en amont, où ses rives sont moins bien formées. Le courant est très rapide, provoquant, sur les bords surtout, des retours et des tourbillons terribles. L'eau, chargée de particules terreuses, est d'une couleur jaune brun. Malgré sa vitesse et ses remous, elle s'écoule en nappe silencieuse. Les rivières de chocolat, qui coulent dans certains contes de fées, ne doivent pas avoir de flots plus onctueux.

En face de Lo-ko, le long de l'autre rive, trois jonques remontaient péniblement le courant, halées par des escouades de coolies. La navigation du Fleuve Jaune, au moins dans son cours inférieur, est insignifiante. Elle a rencontré jusqu'ici d'invincibles obstacles dans la rapidité du courant, les éboulements des rives, les déplacements des fonds, et, en plusieurs points, l'insuffisance de profondeur de l'eau. Le canal de Yang-tchia-Ko a été établi en grande partie pour rendre à cet égard les services que refuse le fleuve.

C'est à Lo-ko ou dans les environs très proches que passeront les rails, qui doivent prolonger la ligne ferrée allemande jusqu'à Tientsin. Etant donnée l'inconsistance des couches d'alluvions qui forment le lit du Hoang-ho à cet endroit, on se demande comment on pourra construire solidement le grand pont nécessaire à ce dessein.

La petite ville de Lo-ko est blottie au pied de la digue épaisse qui la protège contre les eaux, dont le niveau, à l'époque des crues, la domine. Que cette digue vienne à céder, et elle sera emportée comme un fétu de paille; toute la campagne autour de Tsinan-fou sera envahie, et l'inondation ira battre les murs de la capitale.

On a donc cherché à défendre celle-ci par une énorme

levée en terre, qui à mi-distance l'isole plus ou moins du fleuve. De bons Chinois doivent juger que l'utilité la plus apparente du talus nouvellement élevé, pour le chemin de fer, devant les portes septentrionales de la ville, est de renforcer ce système de défense.

Tel qu'il se présente, le problème de l'amélioration du cours de Hoang-ho paraît insoluble. Il s'agit, en effet, d'endiguer un fleuve dont le fond est sans cesse exhaussé par ses alluvions mêmes, et dont le niveau arrive ainsi à s'élever au-dessus de la plaine environnante. Plus on limitera son cours, plus le dépôt de ses alluvions sera abondant et rapide ; son lit montera donc en proportion, et ses débordements seront d'autant plus étendus qu'on l'aura « suspendu », pour ainsi dire, à une plus grande hauteur au-dessus des campagnes. Les digues viennent ainsi, à leur manière, aggraver les inondations, et l'on a pu dire que le péril augmente en raison même des efforts que font les populations pour le conjurer.

Si l'on remarque aussi que cette terre jaune qui compose les alluvions du Hoang-ho et se trouve être par conséquent la cause déterminante de tout le mal, est la même qui fait la fertilité de toute la plaine de la Chine du Nord et de plus du tiers de la province de Chantoung, on peut s'expliquer la résignation et l'impuissance de l'administration chinoise devant le fléau. Sans doute y voit-elle les excès d'un trop grand bien ou au moins les suites d'un mal inévitable.

II

CE QU'Y FONT LES ALLEMANDS

Quels que soient l'intérêt qui s'attache aux bonnes dispositions montrées par l'administration chinoise et la valeur des efforts qu'elle déploie en ce moment pour régénérer le Chantoung, il semble bien qu'aucun résultat vraiment sérieux et durable ne pourra être obtenu dans ce sens, si les moyens employés ne tendent pas surtout à améliorer la situation matérielle, les conditions économiques de la province. Cette amélioration, c'est l'achèvement de grands travaux publics qui seul peut la produire, Et comme l'administration chinoise montre depuis des siècles une inaptitude singulière à ce genre d'entreprise, les Allemands, en s'établissant au Chantoung, se sont empressés d'y consacrer leur activité et leurs capitaux. C'est en quelque sorte le rôle qu'ils se sont réservés dès le début, s'attribuant par avance la part de profits qui y est afférente.

Le Chantoung est une des provinces de la Chine les moins favorisées sous le rapport des voies de communication ; — ils lui donnent un chemin de fer. Sa principale richesse est, dit-on, dans son sol, sinon intacte, du moins mal exploitée; — ils acquièrent, avec la volonté d'en faire une exploitation intensive, les meilleurs gisements miniers du pays. Ses côtes n'offraient qu'un seul port ouvert au commerce étranger, Tché-fou, port défectueux à bien des égards, et éloigné des régions les plus productives ; — ils en créent un second, Tsingtao, au débouché naturel de la plaine cultivée et des centres commerciaux les plus importants de la province, et ils le dotent de tous les avantages, de tous les perfectionnements qu'autorisent les prévisions les plus ambitieuses sur le développement du pays.

Bien entendu, ce n'est pas par pure générosité qu'ils viennent ainsi substituer leur zèle et leur génie à l'apathie et à l'impuissance plus ou moins avérées du gouvernement chinois. On a pu en tout temps, chez d'autres peuples, travailler pour le roi de Prusse ; il serait étrange qu'il vînt aujourd'hui à l'esprit de celui-ci de travailler gratuitement pour l'empereur de Chine. Les Allemands, comme de juste, n'apprécient guère les placements à fonds perdus. En travaillant à la prospérité d'une province chinoise, ils pensent surtout aux bénéfices qu'eux-mêmes en retireront. Outre les droits et les privilèges qu'ils se sont déjà fait reconnaître formellement, ils comptent que l'enrichissement des Chinois fera surtout le leur. En tout cas, ils se créent des titres au Chantoung, et nul doute que leurs revendications et leurs exigences ne soient, le cas échéant, au niveau des efforts et des sacrifices qu'on les voit s'imposer aujourd'hui.

CHEMIN DE FER

On connaît les faits qui amenèrent, à la fin de 1897, l'intervention bruyante de l'Allemagne dans les affaires chinoises.

L'assassinat de deux de ses missionnaires dans un petit village de la province du Chantoung parut être un de ces événements dont un gouvernement tire parti avec d'autant plus de promptitude et de décision, qu'ils viennent à point pour permettre la réalisation d'un dessein déjà arrêté.

C'est le 14 novembre 1897 que l'amiral von Diederichs débarqua ses premières troupes dans la baie de Kiao-tcheou, sur le promontoire de Tsing-tao. Le gouvernement allemand ne fut pas long à prouver qu'il entendait faire là autre chose qu'une opération éphémère, et à montrer le sens qu'il voulait donner désormais à sa politique en Chine. La gravité du conflit est à Berlin intentionnellement grossie. L'Empereur envoie dans les eaux chinoises son propre frère, le prince Henri de Prusse, « le poing ganté de fer ». Avant même que les négociations entamées avec le gouvernement chinois aient abouti au moindre résultat, les troupes débarquées à Kiao-tcheou étaient renforcées, et recevaient l'ordre de s'installer solidement. Le ministre d'Allemagne à Pékin déclarait en même temps que Kiao-tcheou ne serait évacué que lorsque la Chine aurait reconnu aux Allemands dans la province du Chantoung une situation privilégiée.

L'évacuation n'eut pas lieu. Bien mieux, le 6 mars 1898, la Chine cédait à bail à l'Allemagne, pour une durée de quatre-vingt-dix-neuf ans, — forme atténuée d'un abandon définitif, — la baie de Kiao-Tcheou, autour de laquelle était tracée une zone d'influence de 50 kilomètres de rayon. Cette cession permettait à Tsing-tao l'établissement d'une base navale de premier ordre. Ce n'était pas tout. Les Allemands recevaient, d'autre part, l'autorisation de construire un réseau de chemin de fer dans la province, avec le droit de posséder et d'exploiter les mines jusqu'à une distance de 30 lis (15 kilomètres environ) de chaque côté des voies projetées, et sur tout leur parcours.

Le 1er juin 1899, le gouvernement allemand rétrocédait cette double concession à un syndicat de banquiers et de commerçants, à charge par ceux-ci de fonder deux ou plusieurs sociétés sino-allemandes destinées à lui donner une réalité. Le 14 du même mois, la Compagnie des Chemins de fer du Chantoung était constituée au capital de 54 millions de marks. Quatre mois après, le 10 octobre, la Compagnie des Mines du Chantoung prenait à son tour naissance, avec un capital de 12 millions de marks.

Les deux compagnies se mirent aussitôt à l'œuvre. Le premier coup de pioche qui inaugura la construction de la première ligne ferrée, fut donné solennellement par le prince Henri en octobre 1899. Les troubles de 1900 interrompirent un instant les travaux. On les reprit avec ardeur dès que la tranquillité fut rétablie. L'inauguration de la section Tsing-tao-Kiao-Tcheou date du mois d'avril 1901. Le 1er juin 1902, la ligne, sur une longueur de 184 kilomètres, — de Tsing-tao à Weisien, — était ouverte au trafic général. Un an après, c'est Tsing-tcheou-fou que les rails atteignaient. Quand je pris la ligne, en octobre 1903, elle desservait déjà Tchou-tsoun depuis le 22 septembre. Elle était donc achevée sur un parcours de 303 kilomètres. 102 kilomètres restaient à construire pour arriver à Tsinan-fou. Les travaux étaient poussés avec célérité. On avait fini les ouvrages d'infrastructure. On espérait que la ligne serait totalement terminée et que le premier train circulerait entre Tsingtao et la capitale, soit sur une distance de 405 kilomètres, dès le commencement de 1904.

Cet événement s'est réalisé au mois de mars de cette année. Il fut l'occasion d'un échange de télégrammes entre l'empereur d'Allemagne et le gouverneur du Chantoung. Aujourd'hui, le transport des voyageurs et des marchandises se fait en moins de 12 heures par le chemin de fer, de Tsinan-fou à la baie de Kiao-tcheou. Il fallait de 8 à 10 jours, il y a seulement 3 ans, pour faire, par les procédés de locomotion indigènes, le même parcours.

De la ligne principale se détachent déjà deux embranchements, qui doivent la relier aux deux régions minières dont les Allemands ont commencé l'exploitation. L'un atteind le centre des houillères de Weisien, et a 2 kilomètres de longueur environ ; il est achevé depuis deux ans. L'autre, plus considérable, était en construction au mois d'octobre 1903, et devait être terminé à peu près en même temps que la ligne principale. Il se détache de celle-ci à Tchang-tien, près de Tchou-tsoun, et doit remonter, jusqu'à Pochan-sien, la vallée du Siao-tsu-ho, riche en mines. Il aura de 35 à 40 kilomètres. Je reviendrai sur les régions que traversent ces deux tronçons de chemin de fer.

Tsinan-fou ne sera que pour un temps le terminus du chemin de fer du Chantoung. Quand je passai dans la capitale, à la fin de septembre 1903, on y préparait deux gares : l'une près du faubourg est, l'autre sous le mur ouest de la ville. Cette dernière devait être la principale ; elle avait été prévue pour le prolongement de la ligne. J'appris, en effet, que des travaux d'arpentage étaient depuis quelque temps commencés au delà de Tsinan-fou, en plusieurs points de la région occidentale de la province. Il faut dire ici que la Compagnie des chemins de fer du Chantoung a fait inscrire dans sa charte le droit de demander, lorsqu'elle aurait atteint Tsinan-fou, la concession d'une nouvelle ligne allant de cette dernière ville à Yi-tcheou-fou, dans le sud de la province, et de Yi-tcheou-fou à Tsingtao, formant ainsi avec la première ligne une immense boucle ferrée de plus de 1000 kilomètres. Mais il semble que ce dernier tracé ait fait place à un autre projet.

La compagnie allemande s'est récemment entendue avec le syndicat anglo-allemand qui a été constitué en 1898 pour la construction d'un chemin de fer destiné à réunir, de Tientsin à Tching-Kiang, la vallée du Pei-ho et celle du Yang-tse-kiang, par le Chantoung, chemin de fer qui suivra la direction générale du Grand-Canal, devenu impraticable pour les grands transports. Aux termes de l'arrangement, conclu entre les deux sociétés, la compagnie allemande se serait réservé le tronçon qui courra de Tientsin à la frontière méridionale du Chantoung, et qu'elle ferait passer par Tsinan-fou où aboutit la ligne déjà construite.

D'un autre côté, on dit que les Allemands ont obtenu du gouvernement chinois deux nouvelles concessions, qui se combineraient avec le projet Tientsin-Tching-kiang et qui prolongeraient vers l'ouest le réseau du Chantoung. Il s'agit, d'une part, d'une ligne, au Nord, qui irait de Tetchou, sur le Grand-Canal, à Tching-ting-fou, déjà desservi par le chemin de fer franco-belge Pékin-Hankéou; d'autre part, d'une ligne, au sud, qui s'étendrait de Yen-tcheou-fou à Kai-fong-fou, où elle se joindrait à la nouvelle ligne concédée aux Belges.

Il y a lieu de penser que les Allemands commenceront par diriger leurs rails sur Tientsin. L'importance politique et militaire, sinon économique, d'un chemin de fer reliant Tientsin à Tsingtao sous leur contrôle, n'a pas besoin d'une longue démonstration. Et quant aux autres concessions qu'ils se se sont fait accorder, elles prouvent suffisamment leur ambition d'accroître sans cesse leur sphère d'influence, en l'étendant de plus en plus dans la vallée du Fleuve Jaune.

***

Le chemin de fer du Chantoung, dans sa partie déjà exploitée, donne l'impression d'une œuvre solide et durable ; et, à en juger par le matériel qui y a été employé, sa construction a dû être coûteuse. La voie a la largeur normale de 1m44 ; les traverses sont en fer ; le ballast est excellent et abondant. Il n'y a qu'une ligne unique, mais à presque toutes les stations, très nombreuses, — on n'en compte pas moins de 42 entre Tsingtao et Tchou-tsoun, sur 303 kilomètres, — existent plusieurs voies de garage. Tout a été prévu pour une active circulation de trains. Les gares sont parfaitement construites, en briques grises, dans un style qui rappelle certains détails de l'architecture chinoise ; les quais y sont spacieux. La ligne traverse les rivières sur de beaux ponts métalliques, dont quelques-uns ont de 8 à 10 arches. Le matériel roulant est neuf. Les wagons de voyageurs sont confortables. Il y aura 4 classes ; les compartiments de 2e classe font, pour le moment fonctions de premières. Sous le bénéfice de cette remarque, le voyage en 2e classe de Tchou-tsoun à Tsingtao coûtait au mois d'octobre 1903, 11 piastres mexicaines, 30 cents. Un

Chinois, en 4e classe, avait à payer environ 8 sapèques par kilomètre. Deux trains de voyageurs circulaient toutes les vingt-quatre heures, dans chaque sens, entre les deux terminus de la ligne. L'un franchissait la distance dans la journée, en dix heures ; l'autre s'arrêtait le soir à mi-chemin, et reprenait sa marche le lendemain. Il n'y avait pas encore de convois de nuit. La vitesse moyenne de ces trains était de 30 kilomètres à l'heure. Ils brûlent du charbon des mines de Weisien, qui m'a paru faire très peu de fumée et d'escarbilles.

Le personnel est presque entièrement indigène, et s'acquitte fort bien de sa tâche. Les manœuvres sont simplement et rapidement faites. Les chefs de gare sont pour la plupart de jeunes Chinois, qui possèdent les connaissances européennes les plus élémentaires. Ils ont un aspect bizarre sous l'uniforme fantaisiste dont la Compagnie les a affublés et qui unit les insignes subalternes du mandarinat aux boutons de cuivre des troupiers allemands. Très peu d'agents européens ; dans les deux ou trois gares principales seulement.

Le chemin de fer ne traverse pas les villes qu'il dessert ; aucune muraille n'a été éventrée pour lui livrer passage. Il passe à une distance plus ou moins grande des agglomérations habitées ; des routes ont été construites ou améliorées pour le relier aux centres les plus peuplés et les plus commerçants de son parcours. C'est ainsi que Weisien et Tsing-tcheou-fou communiquent avec leurs gares par de belles routes carrossables et macadamisées. Une rareté en Chine !

J'ai remarqué que les stations principales étaient gardées par des piquets de troupes chinoises, en attendant que les pourparlers engagés entre les autorités allemandes et les autorités indigènes aient abouti, comme il en était question, à la création d'un corps de police mixte, dont la mission, de la ligne ferrée, devait s'étendre plus tard à d'autres régions de la province. Les Allemands, de leur côté, entretiennent, pour la haute surveillance de leur chemin de fer, de petites garnisons à Kiao-tcheou et à Kaomi, dans les limites de la zone tracée autour de leur concession maritime. Le drapeau allemand flotte sur ces deux villes, et même plus loin le long de la voie ferrée. Les Postes impériales se sont installées en plusieurs endroits à côté des bureaux indigènes. On peut dire que les conditions ordinaires du pays sont transformées sur tout le parcours du chemin de fer. Ce n'est déjà plus la Chine!

Le chemin de fer du Chantoung est un chemin de fer de plaine. Son tracé borde à peu près fidèlement le contour septentrional du massif montagneux qui est comme l'épine dorsale de la péninsule. Il ne présente qu'en de rares endroits des pentes insignifiantes. Les travaux d'art qu'il a exigés ne sont pas d'une grande importance et consistent surtout en ponts.

Mais il ne faut pas croire pour cela que sa construction ait été uniformément aisée. En plusieurs points, elle a même présenté des difficultés imprévues. Si les ingénieurs n'eurent pas à attaquer la montagne, il leur fallut par contre compter souvent avec un sol inconsistant et une plaine marécageuse, ravagée par les inondations. Dans la région de Tchang-lo, entre Weisien et Tsing-tcheou-fou, un terrain peu ferme a retardé longtemps la marche des travaux. Et plus près de Kiao-tcheou, la plaine basse qui entoure Kaomi n'a pu être traversée qu'au prix d'importants ouvrages de terrassements et d'irrigations. En ce point même, les prévisions ont été déjouées. Pendant l'été de 1902, une inondation emporta une bonne partie de la voie et le grand pont construit sur le Wei-ho. Le pont a pu être assez vite réparé, mais la voie doit être entièrement et soigneusement refaite sur un parcours de 6 à 8 kilomètres. Elle était encore en reconstruction au moment de mon passage.

D'autre part, si les constructeurs du chemin de fer n'ont eu, dans l'ensemble, à surmonter que peu d'obstacles du fait de la population, l'hostilité que celle-ci parfois leur a témoignée était de nature à produire des effets assez graves. A certains moments, leurs procédés expéditifs, les abus commis par leurs escouades de travaux, et, en général, la violation qu'ont subie quelquefois les droits des habitants et les traditions locales, furent la source de dangers sérieux. Si l'inondation dont je parlais à l'instant fit tant de ravages aux environs de Kaomi, c'est que les Allemands n'avaient pas cru devoir se conformer, pour l'établissement de la voie en cet endroit, aux avertissements et aux prières de la population, et qu'ils s'étaient dispensés de prendre toutes les mesures de précaution exigées pour l'écoulement des eaux. Aussi, qu'arriva-t-il? Quand les grandes pluies annuelles survinrent, le chemin de fer fut naturellement endommagé, mais les récoltes aussi furent perdues. Les indigènes manifestèrent aussitôt violemment leur exaspération. Il y eut émeute. L'eau de la plaine se teinta de rouge. La répression sans doute fut prompte; mais le fait n'en reste pas moins symptomatique. Les Allemands, s'ils ne se soucient pas davantage des prérogatives de la population dans le développement de leur influence au Chantoung, pourraient bien avoir un jour à faire face à des conflits plus graves que celui qui vient d'être relaté, et dont le remède ne se trouverait plus seulement dans la proximité de leurs casernes de Tsingtao.

Leur méthode a toujours été de violenter plus ou moins les Chinois et de les traiter comme un peuple à qui son état actuel de faiblesse et d'infériorité impose l'obligation de se soumettre à toutes leurs décisions. Ils ont obtenu jusqu'à présent la plupart de leurs privilèges, grands et petits, en brusquant le gouvernement chinois et en le plaçant devant le fait accompli. Il est certain que cette politique n'est pas la moins efficace en Chine; elle est à l'origine de la concession de Kiao-tcheou et, aux yeux des Chinois, l'a entachée pour toujours. Mais à côté de ces réalités fructueuses, elle a ses dangers. Ce qui est brusquerie de la part des hauts fonctionnaires à l'endroit des autorités locales devient presque toujours brutalité dans les rapports des subalternes avec les habitants. Et il n'y aurait que peu de chose à faire, semble-t-il, pour soulever une province dont la population, très nombreuse, déjà assez turbulente, est pauvre et par conséquent n'a, dans la masse, presque rien à perdre.

Il est impossible que les Allemands ne sentent pas ce péril. De nombreux indices prouvent d'ailleurs qu'ils font de louables efforts pour résister aux incitations de leur tempérament. Qu'ils quittent donc définitivement leur « gantelet de fer » ; leur main est par nature assez vigoureuse ; ils feraient même bien de la couvrir souvent d'un gant de velours.

Quelle est, au point de vue économique, la valeur du chemin de fer du Chantoung ? La question a son importance, car c'est d'elle que dépendent en grande partie, l'avenir et la prospérité de l'établissement allemand.

Nous avons vu que la ligne, déjà construite, s'enfonce profondément dans la province, dont elle suit à peu près l'axe, et qu'elle traverse un pays de plaine. Cette plaine, c'est jusqu'au milieu du Chantoung, la grande nappe de terre jaune qui fait la fertilité et la richesse de toute la Chine du Nord ; admirablement cultivée par les habitants qui n'en laissent presque aucune parcelle improductive. Elle disparaît pendant huit mois de l'année sous la verdure des moissons : froment, sorgho, millet, haricots, etc... Jusqu'où peut s'étendre la vue, on n'aperçoit que des champs, qu'interrompent seulement les villages ou les murailles des villes. Aux abords de Tsing-tcheou-fou et de Tchou-tsoun, on voit aussi de vastes espaces plantés de mûriers pour l'élevage des vers à soie; c'est une belle région séricicole. Autour de Kaomi, le sol humide, assez bien drainé, a permis la culture du coton. Le tracé du chemin de fer se confond d'ailleurs avec une route naturelle et une voie commerciale importante. Par Kiao-tcheou se faisaient jadis la plupart des exportations maritimes de la province : noix de terre (groundnuts, tourteaux de haricots, tresses de paille, soies. Kiao-tcheou était alors un port de jonques très actif, et le cabotage qu'il entretenait allait jusqu'aux côtes de la Chine méridionale et à celles de la Corée, dont il importait les bois. Mais le fond de la baie s'est peu à peu ensablé. La ville s'est retirée en quelque sorte dans l'intérieur des terres. L'établissement des Européens à Tché-fou après 1860, l'usage des bateaux à vapeur, attirant le commerce dans ce dernier port, ont achevé la décadence de Kiao-tcheou. Il semble cependant que le premier effet du chemin de fer sera de rétablir l'ancien état de choses, de reporter le courant commercial dans sa précédente direction et de le faire aboutir à Tsingtao, port en eau profonde que les Allemands ont à dessein créé à l'entrée de leur baie.

La ligne a du reste sur son parcours, et relie par conséquent à Tsingtao, des villes, des marchés, qui sont parmi les centres commerciaux les plus considérables de la province. Je les ai déjà nommés. Ce sont, — outre Tsinan-fou, — Weisien, Tsing-tcheou-fou et Tchou-tsoun.

Nous avons vu dans l'article précédent que les deux premières de ces quatre villes et la dernière viennent d'être ouvertes en principe au commerce international. Cette mesure est, en quelque sorte, la consécration de leur importance économique [1].

Weisien, ville aussi peuplée que la capitale, est un centre de distribution particulièrement important, situé à la jonction de plusieurs routes et rayonnant dans toutes les directions. Jusqu'à ces derniers temps, la presque totalité des marchandises importées par voie maritime, à Tché-fou ou à Tiger Head (port de Lai-tchou-fou), étaient entreposées à Weisien, d'où elles étaient distribuées ensuite dans toute la contrée, parfois très loin dans l'intérieur. De même, les produits à exporter de la plus grande partie de la province, y étaient rassemblés avant d'être expédiés à leurs lieux de destination. Weisien est le centre du commerce des tresses de paille, qui

[1] A ce propos, la presse allemande d'Extrême-Orient oppose la conduite de ses compatriotes qui ouvrent toute grande aux étrangers la porte du Chantoung, à celle des Russes qui ont voulu faire de la Mandchourie un domaine fermé à tout autre commerce que le leur. Mais par cette comparaison, elle songe surtout à « sauver la face ». Les Allemands font ici contre mauvaise fortune bon cœur. Car il est permis de croire qu'ils n'ont désiré ni recherché une innovation qui ouvre à toutes les nations, à leurs consuls comme à leurs commerçants, trois centres importants, parmi lesquels la capitale, d'une province où tous leurs actes tendent à confirmer leur suprématie. Il y a là, semble-t-il, un tour malicieux que leur joue le gouvernement chinois.

a une grande valeur dans les exportations du Chantoung.

Tsing-tcheou-fou, très vieille ville, ancienne capitale de la province, patrie originaire de la dynastie des Ming, fut aussi pendant longtemps le centre très actif d'une région économique très riche. Elle est aujourd'hui bien déchue de sa grandeur passée ; mais le chemin de fer ne pourra que lui rendre un peu de sa prospérité commerciale, surtout si l'industrie de la soie, qui a fait sa fortune jadis, y est régénérée et développée.

C'est à Tchou-tsoun que se tient aujourd'hui le grand marché de la soie du Chantoung, soie ordinaire et soie sauvage[1]. La production d'une vaste région y afflue sous forme de matière première et d'articles ouvrés : cocons, soie grège, pongées, tussahs, déchets. Le chemin de fer a déjà contribué à favoriser dans la plus large mesure, le développement de ce commerce, en rapprochant les producteurs des acheteurs, en abaissant le prix des transports et en rendant moins faciles les exactions des mandarins, qui avaient coutume de prélever des dîmes léonines sur les transactions entre indigènes et étrangers. « De juillet 1899 à juin 1903, c'est-à-dire pendant quatre années, l'exportation de la soie grège et

[1] On sait que la soie sauvage est produite par un ver qui se nourrit de la feuille de chêne. La Mandchourie méridionale et le Chantoung sont les principaux pays producteurs de cette soie, avec laquelle se fabriquent ces pongées et ces tussahs, tissus d'un usage si répandu aujourd'hui et susceptible d'une si grande extension.

des tissus de soie a atteint près de 25 tonnes, et celle des déchets de soie un peu plus de 58 tonnes, soit au total 88 tonnes valant 221.000 taëls haikouan ou de la douane, environ 830.000 francs.

L'exportation de la saison 1903-1904 dépasse le double de ce chiffre ; rien que durant la seconde moitié de l'année 1903, la valeur de la soie exportée a atteint 1.687.000 francs ». C'est là une constatation probante.

Les statistiques officielles sont d'ailleurs favorables dans l'ensemble, au futur rendement de la ligne du Chantoung et semblent donner la mesure du trafic sur lequel on paraît pouvoir compter. D'après elles, les transports par rails, sans prendre des proportions extraordinaires, s'accroîtraient d'une façon normale, qui ferait bien augurer de l'avenir. En 1902, 221.197 voyageurs ont été convoyés ; en 1901, il n'y en avait eu que 59.912. Quant aux marchandises, la progression est aussi marquée : 5.473 tonnes en 1901, et 13.845 en 1902. La valeur des produits étrangers introduits dans le pays par le chemin de fer a passé de 180.000 H. taëls en 1901, à 2.908.586 en 1902, accusant ainsi une augmentation de plus de 1.500 pour 100. Chaque kilomètre de rail ouvert au trafic a rapporté, en 1902, 1247,75 piastres mexicaines, contre 591,25 l'année précédente.

Et cependant, à côté de ces estimations officielles, il y a une opinion moins satisfaisante : celle des Allemands résidant en Extrême-Orient. Ceux-ci se montrent franchement déçus. Qu'on circule sur leur chemin de fer ou qu'on s'arrête dans leur port, on entend les mêmes avis, on recueille les mêmes doléances. Le chemin de fer ne « travaille » pas ; les trains roulent à vide ; une telle entreprise méritait de meilleurs résultats, sans quoi il n'était pas la peine de s'y lancer ; recettes et dépenses sont dans une proportion ridicule ; il y a trop loin des espérances à la réalité ; on a fait un faux calcul ; le rendement de la ligne ne justifiera jamais les premières prévisions. On a atteint successivement les régions commerciales, les centres les plus riches de la province, Weisien, Tsing-tcheou-fou, Tchou-tsoun, Tsinan-fou, et on a dû reculer progressivement l'échéance des résultats vraiment effectifs.

Les apparences viennent corroborer ces allégations. Il y a loin du trafic qui se fait pour le moment sur la ligne du Chantoung à celui que nous constatons sur nos lignes européennes. Aux trois trains que j'ai rencontrés en dix heures entre Tchou-tsoun et Tsingtao, je n'ai vu presque que des wagons vides. 150 à 200 voyageurs indigènes en quatrième classe ; une centaine de tonnes de charbon extrait des mines de Weisien ; quelques ballots de coton brut descendant de Tchou-tsoun ; un wagon de ciment montant de Tsingtao, tels sont les seuls éléments de trafic qu'il m'a été permis de noter pour les avoir constatés de mes yeux.

La vérité, c'est que l'œuvre entreprise par les Allemands est à ses débuts, et qu'on aurait tort de s'en tenir, comme font beaucoup de gens, à ses premières données pour juger de sa valeur définitive, et de son avenir, immédiat et lointain. Les Allemands ont cru que dans ce pays du Chantoung ils n'auraient qu'à poser des rails pour accaparer aussitôt tout le commerce ; c'est là le faux calcul. En Chine, les changements ne sont pas si prompts ; les fruits mettent plus de temps à mûrir.

Le raisonnement, la logique, l'observation, le simple examen d'une carte démontrent que le chemin de fer en question est bien conçu et doit réussir. Le Chantoung est peut-être la province de Chine où les transports, pratiqués par les moyens indigènes, sont le plus difficiles, le plus longs et le plus coûteux. Les Chinois, contrairement à ce qu'on prévoyait, quand il s'est agi d'introduire les chemins de fer dans leur pays, ont pris goût à ce genre de locomotion. Un déplacement à la vapeur les intéresse moins, sans doute, par sa rapidité même, — le temps a peu de valeur pour eux — que par les économies qu'il représente. Une journée de chemin de fer, c'est moyennant un tarif fixe et réduit, l'épargne de sept jours de brouette, d'hôtelleries et de nourriture de route, autant de frais dont maintes circonstances peuvent augmenter le montant habituel. Pour le transport des marchandises, l'avantage est plus sensible encore. On a calculé qu'avant l'existence de la ligne ferrée, le transport d'une tonne de marchandises de Weisien à Kiaotcheou, sur une distance de 100 à 110 kilomètres, revenait à un peu plus de 11 piastres mexicaines, soit à 10 cents par kilomètre environ. Aujourd'hui, le coût n'en est plus que de 0 $,40 par 15.000 kilogrammes et par kilomètre, si bien qu'un wagon de 15 tonnes de Tsingtao à Weisien coûte 75 $, avec une réduction de 20 pour 100 dans le cas où le chargement est de cinq wagons ou plus. La compagnie a pu ainsi sans difficulté établir un tarif fixe très inférieur aux prix variables usités dans le pays.

Le succès de sa ligne semble donc reposer sur une base solide. L'a-t-elle compris dès le début et voit-elle son avenir assuré? Le fait est que, loin de se laisser décourager par la médiocrité des premiers résultats, elle a poussé la construction de sa ligne sans hésitation, avec une rapidité et une résolution imperturbables.

Cela fait penser que, derrière leurs préoccupations économiques, les Allemands cachent des visées politiques prédominantes. Si celles-ci n'avaient pas été en cause, leur marche aurait été plus lente, moins directe. Ils n'auraient pas négligé jusqu'à ce jour certaines régions, comme celle de Yi-tcheou-fou, dans le sud de la province, riche en mines, mais disgraciée par sa situation géographique, dépourvue de voies de communication et ne demandant qu'une route et un débouché pour donner la mesure de ses ressources. D'autre part, ils se seraient inquiétés de l'existence de certaines voies commerciales divergentes, telles que ce canal de Yang-tchia-ko, dont je parlais plus haut et qui, en réunissant la région de Tsinan-fou à la côte du Pe-tchi-li, peut faire, moyennant les améliorations que projette d'y réaliser l'administration chinoise, une vraie concurrence à leur chemin de fer, Tché-fou en retirant aux dépens de Tsingtao un surcroît de trafic [1].

Ils se sont efforcés surtout d'atteindre au plus tôt Tsinan-fou, la capitale, le centre politique et administratif de la province, qu'ils entendent relier étroitement à leur territoire de la côte. Pour eux, le point le plus important du tracé de la ligne nouvelle semble donc être son terminus actuel. Imposer aux Chinois, les frapper par la fermeté de leurs desseins, les surprendre par la puissance et la rapidité de leurs moyens; accroître le plus vite possible le rayon d'action de leur concession de Kiao-tcheou, mettre toujours plus de pays à la merci de leurs rails et de ce qu'ils transportent si aisément, les soldats; tel a paru être leur principal objectif en s'enfonçant dans le Chantoung; et l'on peut dire qu'à cet égard leur compagnie de chemin de fer a su être l'instrument docile de la politique impériale.

LES MINES

Le Chantoung est depuis longtemps une des provinces chinoises les plus vantées pour ses ressources

[1] D'après les plus récentes informations, le dragage du canal, par ordre des autorités chinoises, est commencé. Celles-ci y ont déjà établi, de concert avec quelques gros commerçants de Tché-fou, un service régulier de petits remorqueurs. On dit que les Allemands viennent de proposer une combinaison qui leur permettrait de prendre l'exploitation du canal à leur compte. Mais le gouverneur du Chantoung aurait jusqu'ici résisté.

minières. Celles-ci sont indéniables, et on en connaît aujourd'hui assez bien la distribution et l'importance. Le célèbre géographe allemand Richtofen les a consciencieusement explorées, il y a une trentaine d'années, et en a dressé un inventaire méthodique. Il a principalement signalé à ses compatriotes la richesse en houille du pays qu'il a traversé. « Les bassins houillers du Chantoung promettent, dit-il, de fournir aux chemins de fer de l'avenir un aliment extrêmement précieux. Par la création d'un réseau ferré, cette province prendra l'importance qui lui revient de droit. » Une telle affirmation, qui est la conclusion que le savant donna à ses recherches, n'a pas peu contribué à fixer l'attention des Allemands sur cette partie de la Chine, bien avant même qu'ils ne songeassent à s'y installer ; et elle est vraisemblablement au nombre des considérations qui les ont décidés, le moment venu.

On savait d'ailleurs depuis longtemps que l'or existait en assez grande quantité dans la province. Malgré l'interdiction des autorités chinoises, les habitants des préfectures de Teng-tcheou et de Lai-tcheou ont été tentés à plusieurs reprises de délaisser les travaux des champs pour laver les sables aurifères de leurs ruisseaux ou gratter les rocs de quartz de leurs montagnes. En 1868 même, cette région fut prise de la fièvre de l'or. Le Chantoung acquit soudainement le renom d'un Eldorado chinois. Il s'y produisit un petit « rush ». Des chercheurs d'or y accoururent de l'étranger : Américains et Australiens surtout, aventuriers et brigands d'occasion, qui donnèrent fort à faire pendant quelque temps au gouvernement chinois et aux légations de Pékin. Il fallut des mesures sévères pour en débarrasser le pays. En réalité, les « placers » du Chantoung ne méritaient pas tant de bruit. Ils valent cependant d'être industriellement exploités. Mais la compagnie chinoise qui s'est formée à la suite de ces événements pour l'extraction du métal précieux à Ping-tou-tcheou, à l'est de Weisien, était trop mal administrée pour donner le jour à une affaire durable et sérieuse. Les Anglais viennent de fonder une société pour exploiter les gisements aurifères qu'ils ont trouvés dans leur concession de Wei-hai-Wei. Les Allemands n'auront garde de négliger pour leur part cette importante source de revenus.

Outre l'or, le plomb et le fer sont assez répandus au Chantoung. On trouve, de plus, de petits diamants en assez grande quantité dans la région d'Yi-tcheou-fou. Mais, comme nous avons vu, c'est l'exploitation de la houille qui est appelée de beaucoup au plus bel avenir.

On compte quatre districts houillers principaux, dont les centres sont : Pochan-sien, Yi-tcheou-fou, Wei-sien et Tchang-tsiou-sien (au nord-est de Tsinan-fou). Ceux de Pochan-sien et de Yi-tcheou-fou sont réputés comme les plus riches. Je reviendrai sur le premier tout à l'heure. Autour de Yi-tcheou-fou, la couche carbonifère couvre en plaine une étendue de 5000 milles carrés environ. A en croire les habitants, on est sûr, en quelque endroit que l'on creuse cette vaste plaine, de rencontrer le charbon.

Ces quatre districts ne sont pas inexploités. De nombreuses mines y ont été ouvertes, il y a longtemps déjà, par les Chinois. Si ceux-ci n'en ont obtenu qu'une production médiocre, c'est qu'elles sont mal exploitées. La plupart, ayant été très vite envahies par l'eau, ont dû être abandonnées. D'une façon générale, les efforts et les capitaux qui y ont été consacrés par les entrepreneurs indigènes sont insuffisants. Il appartient aux Allemands de reprendre, de développer ces mines et de leur donner le rendement que permettent d'espérer un outillage perfectionné et des capitaux considérables.

Nous savons déjà comment a été constituée, en 1899, la Compagnie des Mines du Chantoung, née de la concession du chemin de fer. Il lui a été reconnu le droit de rechercher, d'acquérir, d'exploiter des mines de toute espèce dans une zone de 60 lis (30 kilomètres environ) le long des lignes à construire (15 lis de chaque côté). Elle va avoir cinq années d'exercice. Nous verrons plus loin quels sont les points où elle porte ses efforts et quelle est l'importance des travaux qu'elle a déjà entrepris.

Outre cette concession, les Allemands, il y a deux ans à peu près, se sont fait attribuer par le gouvernement chinois le privilège d'exploiter dans la province cinq grandes régions minières, bien choisies, faute de pouvoir obtenir le monopole des mines du Chantoung tout entier.

Des syndicats se sont formés depuis lors pour tirer parti des nouvelles concessions. Leurs recherches sont activement poursuivies. J'ai rencontré, au cours de mon voyage, plusieurs de leurs agents en tournée de prospection. En réalité, les Allemands ont dans leur lot tous les territoires miniers de quelque valeur. Ils se sont ainsi assuré en fait le monopole qui leur a été refusé en droit.

La houille devait naturellement mériter surtout leur attention comme étant le minerai le plus abondant dans la province et le plus précieux à extraire dans un pays très éloigné d'Europe et susceptible d'un réel développement industriel. Les régions où les travaux sont le plus avancés se trouvent être effectivement deux des centres de charbonnages énumérés plus haut : Weisien et Po-chan-sien. C'est à la Compagnie des Mines du Chantoung qu'il revient de les mettre en valeur. Elles sont, en effet, dans le rayon du chemin de fer, et elles ont été abordées au fur et à mesure de l'avancement de la ligne.

Près de Weisien, la mine de Fang-tze est la première à laquelle l'industrie allemande ait appliqué ses procédés ; depuis près de deux ans, elle est en exploitation régulière et progressive. J'indiquais plus haut qu'une voie de 2 kilomètres a été posée pour la mettre en relation avec le chemin de fer. Le puits d'extraction atteignait dernièrement la profondeur de 175 mètres, et aboutissait à une couche abondante de 4 mètres d'épaisseur. On a dû commencer cet été le forage d'un second puits, situé à 400 mètres du précédent et plus rapproché de la ligne ferrée. Actuellement, la mine de Fang-tze pourrait produire 300 tonnes de charbon par jour ; mais les ingénieurs entendent marcher prudemment, et se contentent pour le moment d'un rendement bien moindre, d'ailleurs suffisant pour la consommation présente. Ils font en sorte que dans deux ans, la mine soit en plein rapport.

Dans la région de Pochan-sien, les résultats sont plus tardifs. A la fin de l'année dernière, l'exploitation n'était pas encore commencée. Du moins, plusieurs forages avaient été effectués pour établir la position du gisement, et la compagnie avait acquis les meilleures mines indiquées par les recherches. Pour quelques-unes d'entre elles, les travaux préliminaires étaient en voie d'achèvement. L'extraction régulière du charbon ne pouvait être entreprise que lorsque les rails desserviraient ces mines. J'ai déjà dit que le tronçon de chemin de fer qui doit être établi dans cette région pour la faire communiquer avec la ligne maîtresse du Chantoung, était encore en construction il y a dix mois, et qu'il ne serait terminé que dans le courant de cette année.

Le district houiller de Pochan est, croit-on, le plus riche de la province. Il constitue pour la compagnie allemande la grande réserve, la plus belle promesse de l'avenir. Richtofen estimait déjà sa production totale à 150.000 tonnes par an, en dépit des imperfections de la main-d'œuvre et du travail chinois. Pochan-sien se trouve au fond d'un long couloir que forme la vallée du Siao-tsu-ho et qui s'ouvre au nord sur la plaine. Les mines principales sont dans le massif montagneux qui ferme au sud cette vallée. Leur position au flanc des montagnes rend commode le drainage des eaux, entre autres facilités d'exploitation.

Les ingénieurs allemands ont, dit-on, connaissance, non loin de ces mines de charbon, d'un gisement de minerais de fer de quelque importance. Si cela est exact, cette constatation a une haute valeur. La coexistence de la houille et du fer pourrait amener un jour dans cette région l'établissement de grandes industries.

Pochan-sien est d'ailleurs déjà, à la façon chinoise, un centre manufacturier remarquable. Nées de la présence simultanée du charbon et d'une abondante matière première, certaines industries y prospèrent depuis longtemps : briqueries, tuileries, et surtout poteries et verreries. A part quelques rares articles soignés et artistiques, leurs produits sont très ordinaires et de consommation courante; quelques-uns d'entre eux sont d'un bon marché exceptionnel. Ils s'exportent dans toute la province et même au delà. Néanmoins, l'importance actuelle de ces industries est au-dessous de celle à laquelle elles pourraient prétendre. Cela vient de ce qu'elles sont cantonnées dans les familles, qui n'ont nul souci d'étendre leurs débouchés, et de ce que les moyens de transport sont notoirement insuffisants. Quand elles seront soustraites aux méthodes routinières des ateliers familiaux et quelles jouiront de meilleurs moyens de transport, on les verra prendre sans doute une grande extension. Le chemin de fer qui aura ainsi provoqué leur progrès, sera le premier à en bénéficier, par suite de l'accroissement de son trafic.

***

Les premiers Européens qui connurent et purent expérimenter le charbon de Pochan, ont prétendu qu'il était d'aussi bonne espèce que le meilleur charbon de Cardiff. Cette opinion sera bientôt peut-être trouvée exagérée. Il semble que les Allemands, après expériences, aient été déçus en général par la qualité du charbon qu'ils ont à extraire au Chantoung.

Le produit de Weisien a été déclaré sans doute supérieur à celui des houillères japonaises, lequel est d'usage courant dans les ports d'Extrême-Orient. Mais ce n'est pas beaucoup dire, et on avait espéré mieux. D'ailleurs, sa consommation pour le moment est très limitée. Elle intéresse presque exclusivement l'exploitation du chemin de fer et l'alimentation de la flotte de guerre allemande des mers de Chine. Au cours de l'année dernière, chaque jour un train charbonnier quittait le carreau de la mine de Fang-tze, et transportait à Tsing-tao de 50 à 100 tonnes de charbon. Le prix de vente était de 12 piastres la tonne, rendue au port.

Même quand les mines de Pochan apporteront leur contribution, la consommation du charbon du Chantoung n'excédera pas de longtemps la demande des débouchés locaux. L'accroissement du réseau ferré, le développement probable de l'industrie, les besoins croissants des marines commerciales et militaires de Tsing-tao, et surtout la pauvreté excessive de la province en combustible d'autre espèce, en sont de bonnes raisons. En outre, le prix relativement élevé de ce charbon lui permettrait difficilement de rivaliser au dehors avec le charbon japonais et même avec le produit des mines chinoises de Kai-ping, près de Tientsin. Il ne semble donc pas que de sitôt il soit l'objet d'un important trafic et prenne place au tableau des grandes exportations de Chantoung.

LE PORT DE TSING-TAO

Tsing-tao allemand n'a que six ans d'existence, et déjà la misérable bourgade chinoise où débarqua l'amiral Diederichs est devenue une des principales stations européennes de Chine. Elle promet d'être bientôt un des ports les mieux outillés d'Extrême-Orient.

C'est aujourd'hui une vraie ville, bien tracée et bien construite, pourvue des grands services qui assurent le confort de nos villes d'Europe, et des principaux organes qui composent le mécanisme de la vie moderne. Voirie parfaite, canalisations souterraines, éclairage électrique public et privé, abondant approvisionnement et service d'eau saine. Les rues, très spacieuses, sont solidement macadamisées et entretenues avec soin. Les établissements publics les plus utiles ont été les premiers élevés, comme le lazaret, très vaste, véritable sanatorium. De toute part, ont été bâties en quelques mois des habitations dont l'architecture coquette rappelle parfois certaines maisons de la vieille Allemagne. Leur couleurs claires égayent l'œil du voyageur dès l'arrivée. La ville s'étend au pied de collines qu'escaladent en tous sens de belles routes et dont un patient travail de reboisement est en train de recouvrir la nudité primitive. De loin en loin, des casernes, des forts, des batteries de canons montrent que l'agréable petite ville saurait au besoin se défendre avec énergie.

L'élément indigène est rigoureusement exclu des limites de Tsing-tao. Les villages, les hameaux trouvés sur son territoire, ont été expropriés, rasés, transportés et reconstruits plus loin, derrière les collines ; ils y ont gagné d'ailleurs en confortable et en bonne installation. Les Chinois ne peuvent habiter la ville proprement dite; n'y sont admis que ceux que réclame le service des Européens, particuliers et administrations. Les commerçants indigènes forment une agglomération à part, à côté de la ville allemande : c'est Ta-pan-tau. Là seulement on constate un peu de l'animation qui caractérise les villes chinoises. Ailleurs, on se croirait en tout autre pays que la Chine.

Tsing-tao est sorti du néant et s'est élevé en quelques mois de toutes pièces ; sa construction ne s'est pas faite sans de grosses dépenses d'argent. Son entretien et son développement coûtent encore très cher à la métropole. Le budget de la possession de Kiao-tcheou, qu'ils absorbent à peu près entièrement, s'élève, pour 1904, à 13.088.300 marks ; la subvention du Gouvernement allemand y contribue pour la presque totalité, 12.583.000 marks; elle est en augmentation de 500.000 marks sur celle de l'année 1902. Dans ce budget, 5.361.748 marks représentent les dépenses ordinaires au titre des administrations diverses ; le reste, c'est-à-dire 7.697.000 marks, est destiné à couvrir les frais extraordinaires, plus spécialement engagés pour l'achèvement des grands travaux publics qui doivent assurer le bon état et la prospérité de la ville. 3.473.000 marks sont affectés exclusivement à la dépense qu'entraîne chaque année l'aménagement du port.

Cette somme donne à peine l'idée de l'importance des travaux qui ont été entrepris à cet égard. Depuis quatre ans, ils sont poursuivis sans trêve, et les proportions qu'ils ont atteintes sont vraiment grandioses. Là encore, il a fallu créer de toutes pièces. Sans profondeur, mal abritée contre les vents, bordée de rives basses et vaseuses, la baie de Kiao-tcheou, même à son entrée, n'offre aucune des conditions, aucun des éléments essentiels qui constituent un port naturel. Les ingénieurs ont dû y suppléer. Ils ont prévu deux ports. L'un, déjà achevé, est de faible profondeur (4 mètres au plus); c'est le « petit port », fait pour les jonques et les bateaux de petit tonnage. L'autre doit être le « grand port de commerce ». On peut juger de ses dimensions d'après la longueur de la digue brise-lames, qui a été construite pour le délimiter, et qui atteint 4 kilomètres. Il est déjà en partie creusé à une profondeur de 8 à 10 mètres. Il pourra comprendre un grand nombre de bassins, que de vastes quais réuniront. Deux jetées étaient en construction à la fin de l'année dernière; la principale, celle qui forme d'un côté l'entrée du port, a été terminée depuis lors. L'une servira spécialement à l'embarquement du charbon ; l'autre sera réservée au trafic des autres marchandises. La flotte de guerre trouvera aussi largement sa place. Un dock flottant a été commandé, capable de contenir les plus gros navires. Il faudrait des photographies et des descriptions techniques pour rendre précis et vraiment intéressants, dans cette relation, les détails d'organisation de ce port modèle.

Toutefois, l'importance de ces travaux, l'activité qu'ils entraînent, pas plus que l'aspect brillant de la ville, ne doivent faire illusion. La prospérité économique, la vie réelle de Tsing-tao sont loin d'être en rapport avec le développement qu'il a acquis en apparence. Ce développement est pour l'instant surtout artificiel. C'est celui d'un établissement officiel, d'une création d'État. Tsing-tao n'est pas de ces villes, de ces grands marchés, tels que Hongkong et Shanghai, qui ont été engendrés lentement par le commerce et ont grandi normalement avec les besoins économiques auxquels ils doivent leur origine. Tsing-tao procède bien plutôt, comme Dalny, — pour continuer à prendre mes exemples en Chine, — de ces nouvelles conceptions d'économie mondiale,qui visent à régenter le commerce au lieu de lui obéir ; à créer, à détourner les courants commerciaux, au lieu de les suivre; à fonder un nouvel état de choses, au lieu de confirmer, de sanctionner une situation acquise. De là ces ports faits pour attirer le commerce et le capter ; ils sont l'organe qui précède la fonction et doit la provoquer.

Tsing-tao a été conçu par la volonté d'un Empereur ; il est né des plans d'une administration. L'initiative privée et les nécessités commerciales n'ont eu encore dans sa croissance qu'une faible part. Ses nombreuses et belles maisons sont dues surtout à un mouvement patriotique suscité par le gouvernement et à l'obligation qu'a eue tout acquéreur de terrains de bâtir sur sa propriété dans un temps fixé, très court. L'administration a elle-même consacré d'importants crédits à la construction d'habitations. Et quant au port, tel qu'il est prévu, les exigences du présent ne le réclamaient pas ; il semble fait surtout pour l'avenir ; on ne peut y voir aujourd'hui que le signe visible des calculs et des espérances des autorités allemandes.

***

Ces espérances se réaliseront-elles ? Y a-t-il même dans la situation actuelle et dans l'évolution économique de Tsing-tao des faits, des tendances qui peuvent les justifier ?

Il faut reconnaître que les apparences sont dès maintenant peu favorables, et qu'elles sont loin de donner l'impression d'une bien grande activité commerciale.

Les négociants allemands qui se sont installés sur la place, se plaignent pour la plupart de n'avoir rien à faire, de perdre de l'argent. Je veux parler des grandes maisons de commerce, dont le renom est déjà ancien en Extrême-Orient et qui ont été dès le début encouragées par leur gouvernement, — même, dit-on, au moyen de subventions, — à fonder des succursales à Tsing-tao. Les grandes affaires leur échappent. Le peu de commerce qui se fait est tout de suite tombé dans les mains des Chinois et des Japonais. Les magasins de denrées et de fournitures nécessaires à la vie journalière de la petite colonie européenne, les « storekeepers », comme disent les Anglais, sont seuls à connaître quelque prospérité. On a pu dire plaisamment que le commerce de Tsing-tao, pour les Allemands, se définit par la formule suivante : à l'importation, des caisses de bière ; à l'exportation, des bouteilles vides. Dans les rues, ce sont les boutiques de photographie et de curiosités chinoises ou japonaises qui frappent surtout les regards ; elles sont de beaucoup les plus nombreuses.

Au point de vue de la navigation, même constatation décevante. L'immense rade de Tsing-tao paraît déserte ; ses ports, vides. Les bateaux y font à peu près défaut, comme sur le chemin de fer, les wagons de marchandises. Sous ce double aspect, l'œuvre des Allemands est donc dépourvue du signe matériel, grossier, irréfutable de la réussite. En deux jours, je n'ai compté dans les eaux de Tsing-tao que deux bâtiments de guerre, une dizaine de jonques et trois vapeurs de commerce, battant pavillon allemand. Deux de ces vapeurs, de petit tonnage, dépendaient d'un service régulier de cabotage, dont Tsing-tao est une escale forcée ; le troisième, de plus grandes dimensions, venait d'Europe, d'Allemagne, avec une cargaison de matériel de guerre et de chemin de fer. Il paraît qu'en temps ordinaire, le mouvement de la navigation n'est guère plus actif. En 1902, le nombre des vapeurs enregistrés à l'entrée et à la sortie n'a été respectivement que 236 et 237, représentant seulement en tout 500 000 tonnes environ, sous pavillon presque exclusivement national[1]. Dans ces conditions, si l'on se contente d'avoir une impression superficielle des choses, on ne s'explique guère l'utilité des efforts et la raison d'être des travaux consentis par les Allemands. Il y a même une disproportion ridicule entre le port qu'ils rêvent, qu'ils construisent, et la navigation si modeste qu'avec peine ils ont pu attirer jusqu'à ce jour. Vue du haut des collines, la grande digue, faite pour abriter une flotte immense, mais encore absente, ressemble, par la courbe qu'elle décrit, à un bras gigantesque arrondi dans le vide.

Et cependant, à la réflexion, les fondateurs de Tsing-tao ne semblent pas avoir mal raisonné. Leur œuvre paraît rationnelle, logique Le succès du port, comme celui du chemin de fer dont il est la tête de ligne, rési-

[1] Pendant la même période, le mouvement de la navigation à Tche-fou, qui est un port dépourvu d'ouvrages d'art même nécessaires, donnait les chiffres suivants : 2.615 vapeurs à l'entrée, 2.620 à la sortie, avec un tonnage de 3.585 660 tonnes.

dent dans la force même des choses. Les deux entreprises, d'ailleurs, sont solidaires et se complètent l'une l'autre. On doit attendre, pour apprécier leurs résultats, qu'elles soient arrivées à terme. Mais, dès aujourd'hui, suivant la remarque que nous avons déjà faite, il n'est pas téméraire de bien augurer de l'avenir d'une station maritime qui sera dotée bientôt d'un parfait outillage et qui se trouve au débouché d'un réseau ferré, conçu pour la mettre en relation avec les centres principaux du pays et destiné à se ramifier dans les régions voisines.

Il faut ajouter ici que Tsing-tao, depuis son ouverture, jouit de tous les avantages d'un « port à traité » et d'un port franc. Le bureau des Douanes Impériales Chinoises qui, après entente avec les autorités allemandes, y a été installé, ne perçoit de droits : à l'importation, que sur les marchandises introduites à Tsing-tao par mer, et franchissant ensuite les limites de la zone franche pour pénétrer en territoire chinois ; à l'exportation, que sur les produits sortis de ce territoire et embarqués à Tsing-tao pour être expédiés au dehors. Ce privilège économique fait de Tsing-tao un « emporium », où peuvent se former de grands approvisionnements de marchandises libres de taxes ; il est le meilleur procédé qu'on ait encore trouvé pour développer rapidement dans un port le trafic et le mouvement d'affaires.

Dans sa rivalité avec Tche-fou, le port allemand, grâce à tous ces avantages, est donc très favorisé et finira par l'emporter. Sans doute, sa supériorité n'est encore que théorique. Le port chinois, quoique imparfaitement outillé et placé dans une région excentrique par rapport au reste de la province, bénéficie de la vitesse acquise, et, sans progresser sensiblement, maintient sa suprématie. Les marchands indigènes, dont il est difficile et long de changer les habitudes, continuent à y trouver plus de facilités : établissements de crédit, représentants, succursales, etc... Ils y sont d'ailleurs chez eux, et les procédés autoritaires des Allemands les ont vite persuadés que c'est là un avantage inappréciable. Les étrangers, de leur côté, et surtout les Anglais, aimeront mieux faire le plus longtemps possible des affaires dans un port chinois, ouvert au commerce international, que dans un port placé sous le contrôle allemand. Mais, l'effet de cette préférence ne peut être de longue durée. La « germanisation » du Chantoung s'opérant, Tsing-tao doit devenir le port principal de la province. Son attraction s'étendra peut-être un jour à tout le bassin du Fleuve Jaune et même au Tche-ly. C'est du moins le rêve que caresse l'impérialisme germanique.

L'optimisme officiel s'appuie d'ailleurs déjà sur certaines données précises, qu'il serait difficile de contester. D'après les statistiques douanières, le commerce de Tsing-tao progresse sans arrêt, et dans des proportions assurément intéressantes. De 1901 à 1903, il a augmenté de 67 pour 100 ; il a passé d'une valeur de 8.730.920 H. tls.

en 1901, à une valeur de 10.344.642 en 1902, et de 14.598.411 en 1903. Dans cette dernière année, ses importations se sont élevées à 8.452.559 H. tls. de produits étrangers, en augmentation de près de 3.000.000 H. tls. ; ce sont principalement du matériel de chemin de fer et de mines, du coton et des cotonnades japonaises, des filés de cotons indiens, des allumettes japonaises, du pétrole américain[1]. D'autre part, entrée de 2.813.808 H. tls. de produits indigènes : haricots, coton brut, graines de coton, filés de coton manufacturés à Shanghaï, papier, sucre, bois, etc.

Quant aux exportations, elles ont atteint le chiffre de 3.332.044 H. tls., en augmentation de plus de 1.000.000 H. tls., et consistent surtout en soies de porc et tresses de paille pour les pays étrangers; en haricots (graines, huile et tourteaux), noix de terre (groundnuts), graines de melon, choux du Chantoung, soie grège, tissus et déchets de soie, tussahs, etc., à destination d'autres ports chinois.

Les recettes douanières de Tsing-tao ont passé de 192,018 H. tls. en 1902, à 310.461 en 1903.

[1] Il faut constater ici que l'importation des marchandises japonaises va sans cesse en augmentant. La valeur des importations directes du Japon s'est élevée de 305.105 H. tls. en 1901, à 1.214.567 en 1902, soit un accroissement de 300 o/o. Et cette augmentation tendait à s'accentuer encore.

A noter parallèlement la tendance du pavillon anglais à disparaître de la navigation de Tsing-tao, où il est à mesure remplacé par le pavillon japonais.

Durant cette période de trois années, le commerce de Tchefou, qui est à peu près de même nature, restait presque stationnaire : 37.660.510 H. tlz. en 1901 ; 35.924.413 en 1902 ; 38.183.912 en 1903. Les importations de produits étrangers diminuaient même en deux ans de près de 2.000.000 H. tls. Le revenu du port baissait de 816.000 H. tls. à 802.000.

Les statistiques du premier trimestre 1904 confirment cette double évolution. Tsing-tao est au nombre des trois ports de Chine qui accusent le plus considérable accroissement ; Tche-fou, au contraire, se trouve être un de ceux qui ont marqué le déclin le plus accentué[1]. Pendant les trois premiers mois de cette année, le revenu douanier de Tche-fou n'a été que de 105.214 H. tls., tandis que celui de Tsing-tao est déjà de 93.057.

D'après ce qui précède, on peut supposer raisonnablement qu'avant deux ans, le port chinois ne fera que deux fois plus de commerce que le port allemand. Il en faisait 7 fois plus en 1900, 4 fois 1/2 plus en 1901, et un peu plus de 2 fois 1/2 en 1903.

Les « possibilités » industrielles de Tsing-tao sont aussi à considérer. L'exemption de tous droits de douane dans les limites de la zone franche attirera la matière première, qui viendra se faire manufacturer sous la direction des Allemands. Ceux-ci s'attachent à déve-

[1] Il paraît que la guerre actuelle et les hostilités qui rendent dangereuses les eaux du Pe-tchi-li ont beaucoup nui déjà au port de Tchefou. Tsingtao ne peut que profiter de cette circonstance.

lopper et à rénover les principales industries du pays. Ils ont fondé récemment dans leur ville une grande filature de soie qui doit fonctionner en ce moment.

COMMERCE COMPARÉ DE TCHÉ-FOU ET DE TSING-TAO
en Haikouan taëls.

		1901	1902	1903
TCHÉ-FOU	Importations	25.789.509	24.408.533	24 668.515
	Exportations	11 871.001	11.515.880	13.515.397
	TOTAL . .	37 660.310	35.924.413	38 183 912
TSING-TAO	Importations	5.969.050	8.075.250	11.266.367
	Exportations	2.761 870	2 269.392	3.332.044
	TOTAL . .	8.730.920	10.344.642	14.598.411

***

Telles sont, à côté des doléances du commerce allemand et sous les apparences qui semblent leur donner raison, quelques -unes des constatations qu'il faut faire pour juger de l'avenir réservé au port de Tsing-tao, comme à tout l'établissement des Allemands au Chantoung.

D'une façon générale, ces derniers se montrent trop impatients. Ont-ils vraiment pensé pouvoir récolter avant même d'avoir fini de semer? Ils ont fait sans doute de grands et méritoires efforts pour arriver au but qu'ils se proposent. Mais l'étendue et l'importance des moyens qu'ils ont employés ne doivent pas leur faire considérer comme méprisables les résultats qu'ils ont déjà obtenus, et parce que ces moyens ont eu peu d'effet encore, les faire douter de leur efficacité pour l'avenir et même de l'utilité qu'il y eut d'y recourir. Les méthodes, les grands travaux avec lesquels on « ouvre » à notre époque un pays neuf, n'ont pas par eux-mêmes, quel que soit leur pouvoir, une vertu magique qui leur assure succès plein et immédiat. Cela est surtout vrai dans un pays comme la Chine, qui vit depuis des siècles d'une vie propre, qui se suffit à elle-même, et qui a des habitudes profondément enracinées. Il faut le répéter; ce n'est pas au moyen de digues et de rails qu'on peut en quelques mois bouleverser les conditions économiques du Chantoung, comme de n'importe quelle province de la Chine, et en dériver à son gré les ressources.

III

CONCLUSION

Les Allemands, quand ils s'établirent au Chantoung, avec l'intention déclarée de se réserver cette partie de la Chine, proclamèrent qu'ils entraient dans la *ruche*, en évitant le *guêpier*.

Que voulaient-ils dire par là ? Se seraient-ils si vite jugés à l'abri des *guêpes* chinoises, s'ils avaient pu prévoir que le Chantoung, très peu de temps après, donnerait naissance à la formidable insurrection des Boxers ? D'autre part, n'est-ce pas une métaphore bien hardie que de comparer cette province à l'habitacle des *abeilles?* Le mot ruche évoque l'idée de plantureuses richesses accumulées et faciles à recueillir. A cet égard, il faut dire que pour le moment, le Chantoung n'est pas une ruche. Tel que les Allemands l'ont trouvé, c'est un pays très peuplé, aussi bien cultivé que possible, mais incontestablement pauvre, au point que 100.000 hommes le quittent chaque année pour aller chercher fortune ailleurs. Climat peu favorable, grande étendue de la zone montagneuse et des terres impropres à la culture, insuffisance et état déplorable des voies de communication, difficultés et cherté des transports, inondations, effroyables débordements du Fleuve Jaune, surpopulation, famines, exactions des mandarins, etc..., tels sont les obstacles qui de tout temps se sont opposés à sa prospérité.

Les Allemands, il faut le reconnaître, se sont employés sans tarder à remédier à ces conditions précaires, et leur méthode est évidemment des meilleures et des plus efficaces. Si elle ne provoque pas l'enrichissement immédiat de la province, sans doute son application y amènera-t-elle une transformation profonde et bienfaisante. La plupart des maux et des infériorités dont souffre le Chantoung disparaîtront à la longue ou seront singulièrement atténués.

Le chemin de fer permettra des transports faciles, rapides et moins coûteux ; il rapprochera de la côte certaines régions de la province, reculées et difficiles d'accès ; il facilitera l'émigration ; il causera la disparition des famines, l'abaissement du loyer de la terre, la suppression des entraves artificielles qui ont été mises au commerce, telles que les « likins ». Les indigènes dépendront moins du sol pour leur subsistance ; ils pourront se procurer à bon compte certaines denrées de première nécessité apportées du dehors. Leur travail ne sera plus uniquement assujetti, pour leur donner le pain quotidien, à la culture de leurs champs et aux soins exigés par leurs maigres récoltes ; il pourra s'appliquer aussi aux productions et aux industries spéciales du pays, comme la soie, susceptibles de lui fournir une belle rémunération. Les produits de l'agriculture cesseront d'être absorbés dans la proportion actuelle par la consommation locale, et grossiront les exportations. Les éléments d'échange deviendront plus nombreux et plus abondants. Il en résultera peut-être, peu à peu, cette prospérité commerciale et cette activité industrielle dont est encore dépourvu le Chantoung.

La mise en valeur des ressources minières de la province doit y contribuer aussi puissamment. Elle rendra enfin productives, en plusieurs points, ces régions montagneuses qui couvrent près du tiers de la superficie de ce pays et qui ont été pour lui, jusque-là, une cause d'appauvrissement. En particulier, nous avons vu que l'extraction de grandes quantités de charbon sera un fait de haute importance, dans cette province privée de tout autre combustible et favorable par d'autres côtés à l'établissement de la grande industrie.

Enfin, d'une façon générale, la présence des étrangers, leur contact permanent, leur pénétration progressive, vont obliger l'administration chinoise à s'amender définitivement. Sous leur surveillance plus ou moins déguisée, elle se montre déjà moins oppressive, moins vexatoire, plus circonspecte à l'endroit des habitants. Ceux-ci éprouveront peu à peu en bien, tout ce qui peut résulter de l'influence d'une administration européenne.

Tels sont les heureux effets que l'on peut attendre de l'œuvre entreprise par les Allemands au Chantoung. Dès maintenant, le travail qu'ils ont accompli en moins de six ans, l'activité qu'ils ne cessent de déployer, l'ampleur même qu'ils donnent à leurs projets, forcent l'admiration. Sous ce rapport, on peut dire que le Chantoung est maintenant une ruche.

Rien de ce que peut faire l'Etat, aucun élément, aucun instrument d'une pénétration, d'une colonisation officielle, méthodique, scientifique, n'a été omis. Avec l'étude approfondie du sol, poursuivie par les ingénieurs et les officiers topographes, la construction d'un chemin de fer, la création d'un port modèle, l'ouverture des mines, et d'autres dispositions de moindre importance (établissement d'un service postal autonome, fondation d'hôpitaux, d'écoles[1], extension du territoire dévolu par le Saint-Siège aux missionnaires de nationalité alle-

[1] Je dois signaler ici un plan qu'avait élaboré Mgr Anzer, vicaire apostolique du Chantoung méridional, dans les dernières années de sa vie, pour l'organisation de l'instruction publique et de l'enseignement européen dans sa circonscription. Ce plan consiste dans l'institution d'écoles secondaires « sino-européennes », de « gymnases », comme les appelait l'évêque, dans les cinq principaux centres du vicariat. Il existe déjà trois de ces établissements, — à Yen-tcheou-fou, à Tsining-tcheou et à Kiaotcheou, — reconnus et même subventionnés par le Gouverneur de la province. Ils recrutent un grand nombre de leurs élèves dans les familles de riches marchands et même de hauts mandarins en fonctions. L'évêque allemand se proposait d'y attirer et d'y former une élite, beaucoup plus que de les employer à faire du prosélytisme religieux dans les classes humbles de la population.

On connaît le rôle occulte, mais important, qu'a joué Mgr Anzer dans l'affaire de la prise de possession de Kiaotchéou. Lui aussi doit être considéré comme un parrain de l'établissement allemand du Chantoung.

mande[1], propagande dans la presse indigène, etc...), le programme est complet. Et ce souci de faire vite et grand révèle bien, dans l'esprit du gouvernement allemand, des prétentions politiques.

Sous son aspect actuel, quelque assurés que puissent paraître ses conséquences matérielles et ses résultats économiques, l'œuvre des Allemands au Chantoung est surtout une œuvre d'impérialisme. Elle relève de cette tendance qui pousse depuis quelques années certaines nations à porter au dehors les instruments de leur puissance et à les appliquer aux pays réputés vacants ou tout au moins offerts à la civilisation occidentale, afin de s'y créer des droits et des intérêts, prétexte d'une occupation politique et d'une extension territoriale.

Tsing-tao, par son développement hâtif, un peu fictif, par les grands ouvrages de son port, est bien la ville de

[1] Au point de vue de l'apostolat, Rome, nous l'avons vu, a divisé le Chantoung en trois vicariats. Le vicariat du Chantoung méridional, attribué aux Pères allemands de la Mission de Steyl, a été dirigé depuis sa fondation jusqu'à la fin de l'année dernière, par Mgr Anzer. On sait de quelle façon, il y a quatorze ans, il a échappé au protectorat de la France. — Le vicariat du Chantoung septentrional, dont l'évêque réside à Tsinan-fou, a appartenu jusqu'ici aux Franciscains italiens, mais on annonce que sur la pression du Gouvernement allemand, la Propagande vient de le céder aux Franciscains de la province allemande, dont le siège est à Dusseldorf. Dans ce cas, il se réclamera désormais de la protection des autorités allemandes — La Mission du Chantoung oriental, composée de Franciscains français, serait donc seule soustraite aujourd'hui à l'influence germanique.

cette politique. Le chemin de fer, en attendant son rendement commercial, a déjà un intérêt politique incontestable. Au Chantoung, comme ailleurs, il joue son grand rôle. C'est le « Path of Empire » par excellence, la meilleure arme de domination pacifique. Déjà les Allemands pèsent sur cette partie de la Chine de tout le poids de leurs 400 kilomètres de rails et de toute la force latente des détachements de troupes qu'ils peuvent, au premier signal, essaimer le long de la voie. De cette possibilité, leur conduite antérieure en Chine prouve bien qu'ils feraient vite une réalité.

C'est le propre, et le danger, de l'impérialisme d'envahir toujours et d'entraîner très loin. Sous son inspiration, les Allemands, de l'acquisition d'une simple station navale, en sont venus très vite à la main-mise sur une des provinces les plus peuplées de la Chine.

Tôt ou tard à Tsinan-fou, leur consul pourra bien devenir une sorte de résident qui personnifiera en fait leur *protectorat* sur le Chantoung.

Malgré toutes les subtilités des procédés et du langage de la diplomatie, les travestissements qu'elle sait donner aux choses, on doit tenir pour certain que, du jour où les Allemands s'installèrent au Chantoung avec de telles intentions, le partage de la Chine, — des dix-huit provinces, — a été commencé. Si cette solution de la question chinoise prévaut jamais, ils auront le mérite de l'avoir inaugurée. Ils ont déjà le meilleur de leur part ; ils sont en train de l'organiser et de se l'assimiler.

Mais le partage se fera-t-il ? La Chine, secourue ou sans assistance, ne réagira-t-elle pas tout d'un coup, plus efficacement qu'elle ne l'a fait récemment, contre l'invasion des étrangers et le démembrement qui la menace ? Si cette éventualité se réalise jamais, les Allemands seront les premiers et les plus sérieusement atteints. En se taillant un si large domaine dans le territoire chinois, en y engageant de si importants intérêts, ils ont assumé une rude charge pour l'avenir et courent dès maintenant de grands risques.

Les circonstances semblaient propices, quand ils se lancèrent dans cette grave entreprise. Le Japon venait de battre la Chine ; un long bail d'inimitié paraissait devoir en résulter entre les deux pays ; les Chinois avaient révélé une faiblesse politique et militaire qui était regardée par tous comme incurable. Quant à la nation japonaise, malgré ses brillants succès, elle n'avait pas encore donné la pleine mesure de la force et de l'ambition qu'elle recélait dans son sein.

Les choses et les opinions ont bien changé depuis. En présence d'événements tels que ceux qui se produisent à présent, il est à croire que les Allemands auraient été plus circonspects dans leurs décisions. Aujourd'hui, le sort en est jeté. Ils sont dans l'engrenage, sinon dans le guêpier. Ils savent quel est l'enjeu de la lutte qui a lieu en ce moment à leur porte : ce sont les destinées mêmes de la Chine. Ils ont « du bien » en Extrême-Orient, et un bien considérable ; et pour le défendre contre une Chine régénérée ou un Japon définitivement victorieux (l'un peut être la conséquence de l'autre), ils sont mal armés; leur position est en l'air ; ils ne possèdent pas de base solide comme la Sibérie ou même le Tonkin. Que pourraient faire les Russes contre les Japonais, s'ils n'avaient pour eux, de l'Oural à la Mandchourie, la continuité de leur territoire.

En Extrême-Orient, dans l'état actuel des choses, l'Allemagne a partie liée avec la Russie. L'une et l'autre ont abordé de même façon le problème chinois. Dans les premières atteintes à l'intégrité du Céleste Empire, elles sont complices. Que les Russes échouent en Mandchourie, et la situation des Allemands au Chantoung s'en trouvera bien exposée, peut-être même bien compromise. Au point de vue des affaires d'Extrême-Orient, l'Allemagne est donc de toutes les Puissances neutres celle qui a l'intérêt le plus immédiat à voir triompher la Russie, réfréner les prétentions du Japon, maintenir le « statu quo » en Chine.

On s'explique par conséquent sans difficulté, l'attention grave avec laquelle l'empereur Guillaume II suit les phases de la guerre actuelle et considère sous sa forme nouvelle, le « péril jaune ». On comprend les préoccupations que ses actes, ses paroles, ses avances envers le tsar et les autorités militaires russes, dévoilent. L'issue de la lutte entre la Russie et le Japon peut avoir une influence considérable sur le sort de cet établissement du Chantoung qu'il a voulu comme un pas décisif de l'expansion extérieure de son peuple, et dont il a été le premier artisan.

Août 1904.

TABLE DES MATIÈRES

Lyon. — Imp. A. Rey, 4, rue Gentil. — 36863.

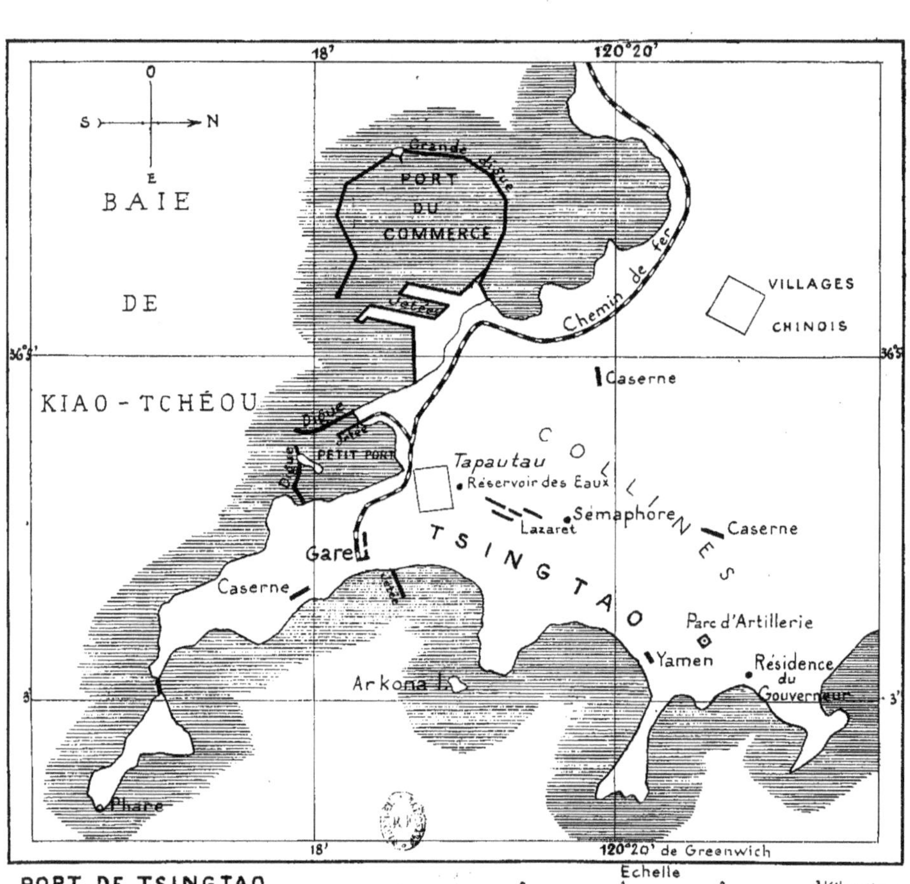

PORT DE TSINGTAO

www.ingramcontent.com/pod-product-compliance
Lightning Source LLC
LaVergne TN
LVHW020449230826
846091LV00004B/1617

9782011910677